Anna Sperk

Die Herren der Taiga

Дух-хозяин тайги
Тайга ээзи

Anna Sperk

Die Herren der Taiga

Berichte und Geschichten von Menschen und Geistern
in der südsibirischen Republik Tuwa

Zeitgenössische Sagen und andere Folkloretexte

*Дух-хозяин тайги – Современные предания и
другие фольклорные материалы из Тувы*

*Тайга ээзи – Болган таварылгалар болгаш Тывадан
чыгдынган аас чогаалының өске-даа материалдары*

Bibliografische Information der Deutschen Nationalbibliothek: Die Deutsche Nationalbibliothek verzeichnet diese Publikation in der Deutschen Nationalbibliografie; detaillierte bibliografische Daten sind im Internet über http://dnb.dnb.de abrufbar.

Gesammelt, übersetzt und herausgegeben von Anna Sperk
Fotos: Anna Sperk
Tuschezeichnungen: Valerij Nikolaevič Elizarov, Respublika Tyva
Buntstiftzeichnungen: Nadja Mišit-Doržuevna Sat, Respublika Tyva
Lektorat der tuwinischen und russischen Texte:
Antonina Saar-oolovna Doŋgak, Ojumaa Maadyr-oolovna Saaja, Urana Aldyn-oolovna Doŋgak, Kyzyl, Respublika Tyva, Rossijskaja Federacija;
Dmitrij Anatol'evič Funk, Moskva, Rossijskaja Federacija.

Verlag: BoD · Books on Demand GmbH, In de Tarpen 42, 22848 Norderstedt, bod@bod.de

Druck: Libri Plureos GmbH, Friedensallee 273, 22763 Hamburg

ISBN: 978-3-7693-4037-2

Für Erato

Das Buch ist eine Wiederholung in Worten,
von dem, was immer passiert ist,
und von dem, was immer passieren wird.

Благодарование

Я хочу поблагодарить всех тувинских друзей за то, что они дали мне возможность их послушать. Они сумели меня настолько вдохновить своим искусством рассказа, что я стала записывать тувинские предания и фольклорные тексты. Особо хочу поблагодарить 47 рассказчиков и рассказчиц за их истории и истории их знакомых и родственников, представленных в этом сборнике. Каждый рассказчик открыл своим собственным очаровательным способом дверь для познания и понимания тувинской духовной культуры, с которой мы, читатели, теперь сможем познакомиться.

За редактирование тувинских и русских текстов я благодарю кандидатов наук: Антонину Саар-ооловну Донгак, Оюму Маадыр-ооловну Саая и Уран Алдын-ооловну Донгак (Тувинский институт гуманитарных исследований, Кызыл), профессора, доктора Дмитрия Анатольевича Функа (Институт этнологии и антропологии, Москва), кандидата наук Чайзат Донахью (Кызыл); за переводы на русский язык: Стеллу Пенькову (P. S.) и Марию Петрову (М. Р., Институт этнологии им. Макса Планка, Галле на Заале); за редактирование немецких текстов: кандидата наук Якоба Таубе (Маркклееберг); за составление карты Республики Тувы: Ютту Турнер (Институт этнологии им. Макса Планка, Галле на Заале); за оформление обложки: Кристине Оелшлаегел (Кемнитц), и за иллюстрации: Валерия Николаевича Елизарова (Кызыл).

Danksagung

Ich danke allen tuwinischen Freunden, die mich einluden, ihnen zuzuhören. Sie haben es verstanden, mich durch ihre Erzählkunst derart zu begeistern, dass ich begann, tuwinische Sagen und andere Folkloretexte aufzuzeichnen. Mein spezieller Dank gilt allen 47 Erzählerinnen und Erzählern, die ihre Geschichten und die Geschichten ihrer Bekannten und Verwandten zu dieser Sammlung beigesteuert haben. Jeder Erzähler hat auf seine eigene faszinierende Weise eine Tür zum Erfahren und Verstehen tuwinischer Kultur geöffnet, durch die wir Leser nun eintreten können.

Für das Lektorat der tuwinischen und russischen Texte danke ich: Antonina Saar-oolovna Doŋgak, Ojumaa Maadyr-oolovna Saaja und Urana Aldyn-oolovna Doŋgak (Mitarbeiterinnen des Tuwinischen Instituts für geisteswissenschaftliche Forschung, Kyzyl), Dmitrij Anatol'evič Funk (Institut für Ethnologie und Anthropologie, Moskau), Chaizuu Donahoe (Kyzyl); für Übersetzungen ins Russische: Stella Penkova (S. P.) und Mariya Petrova (M. P., Max-Planck-Institut für ethnologische Forschung, Halle/Saale); für das Lektorat der deutschen Texte: Jakob Taube (Markkleeberg); für die Erstellung einer Karte der Republik Tuwa: Jutta Turner (Max-Planck-Institut für ethnologische Forschung, Halle/Saale); für die Gestaltung des Buchumschlags: Christine Oelschlägel (Chemnitz) und für die Illustrationen: Valerij Nikolaevič Elizarov (Kyzyl). Für ihre kollegiale und freundschaftliche Unterstützung danke ich Christian Bogen, Hans Szédeli und Han Vermeulen, meiner Lehrerin Erika Taube sowie meinen Kollegen am Sibirienzentrum, besonders Joachim Otto Habeck, Katharina Gernet und Stephan Dudeck.

Für die finanzielle Förderung des Projekts und für die zuvorkommende und unkomplizierte Bearbeitung aller meiner Anliegen danke ich dem Deutschen Akademischen Austauschdienst (DAAD), der Deutschen Forschungsgemeinschaft (DFG) und dem Sibirienzentrum am Max-Planck-Institut für ethnologische Forschung (MPI ETH).

Inhalt

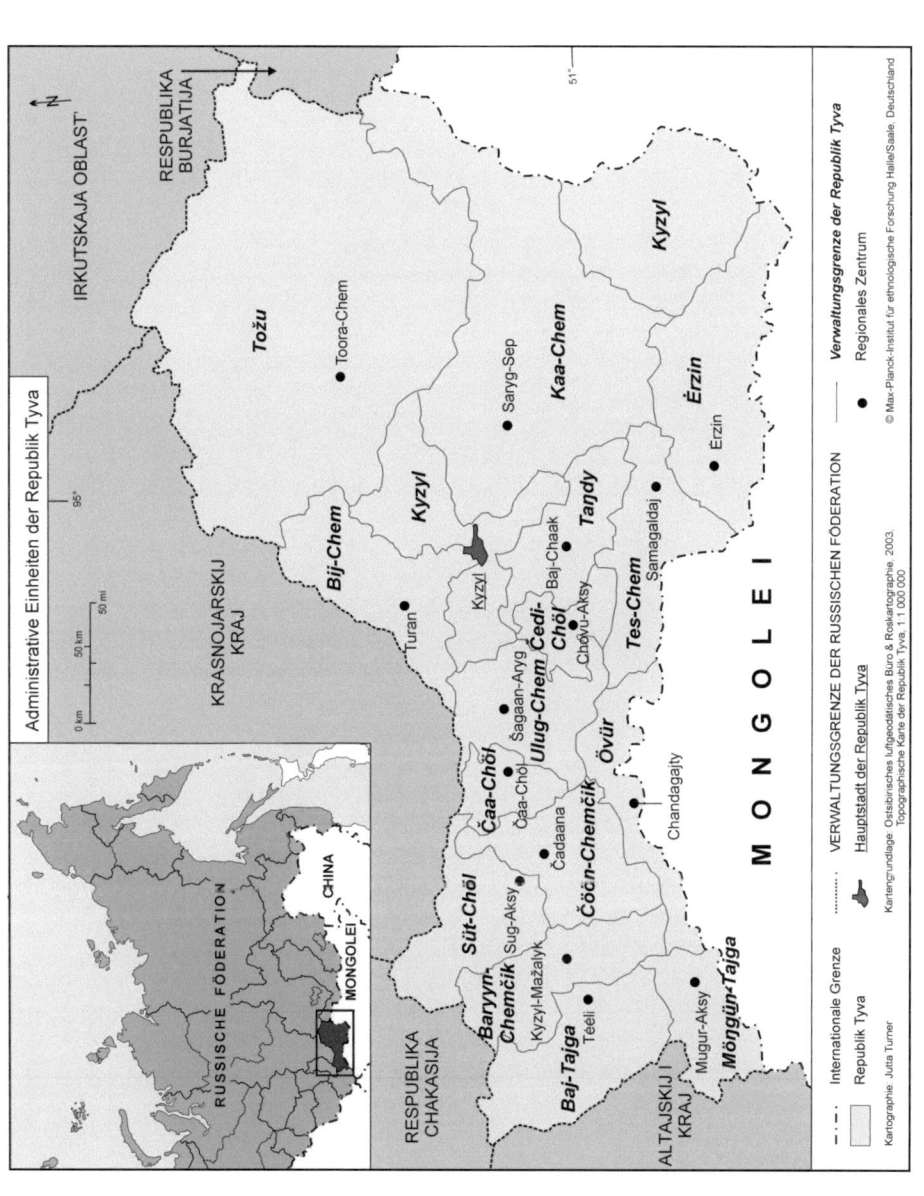

Administrative Einheiten der Republik Tyva

RESPUBLIKA BURJATIJA

IRKUTSKAJA OBLAST'

KRASNOJARSKIJ KRAJ

RESPUBLIKA CHAKASIJA

ALTAJSKIJ KRAJ

M O N G O L E I

RUSSISCHE FÖDERATION

CHINA

MONGOLEI

Tožu

Kyzyl

Bij-Chem

Toora-Chem

Sarig-Sep

Kaa-Chem

Érzin

Erzin

Tajdy

Samagaldai

Tes-Chem

Baj-Chaak

Chövü-Aksy

Čedi-Chöl

Ulug-Chem

Kyzyl

Turan

Sagaan-Arig

Čaa-Chöl

Čaa-Chöl

Čadaana

Övür

Chandagajty

Sügt-Chöl

Sug-Aksy

Barym-Chemčik

Kyzyl-Mažalyk

Teeli

Baj-Tajga

Čöön-Chemčik

Mugur-Aksy

Möngün-Tajga

Kyzyl

51°

95°

0 km   50 km

0 mi   50 mi

Internationale Grenze

Republik Tyva

VERWALTUNGSGRENZE DER RUSSISCHEN FÖDERATION

Hauptstadt der Republik Tyva

Verwaltungsgrenze der Republik Tyva

Regionales Zentrum

© Max-Planck-Institut für ethnologische Forschung Halle/Saale Deutschland

Kartographie Jutta Turner

Kartengrundlage Ostsibirische luftgeodätisches Büro & Roskartographie, 2003.
Topographische Karte der Republik Tyva 1:1.000.000

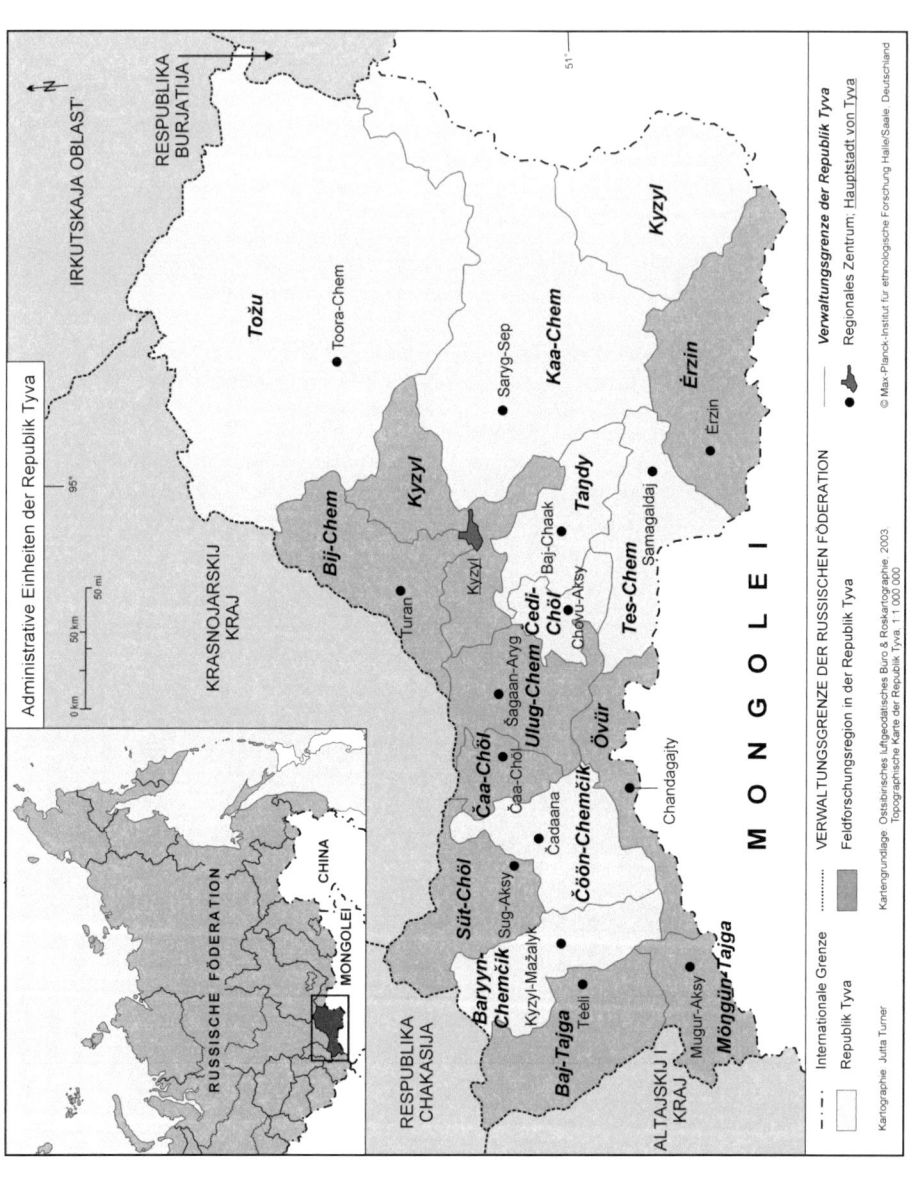

Administrative Einheiten der Republik Tyva

RUSSISCHE FÖDERATION

CHINA

MONGOLEI

Kartographie Jutta Turner

RESPUBLIKA CHAKASIJA

ALTAJSKIJ KRAJ

KRASNOJARSKIJ KRAJ

IRKUTSKAJA OBLAST'

RESPUBLIKA BURJATIJA

N

95°

51°

0 km   50 km
0   50 mi

Toožu

Bij-Chem

Kyzyl

Kyzyl

• Toora-Chem

• Saryg-Sep

Kaa-Chem

Érzin

Kyzyl

• Érzin

• Turan

Kyzyl

• Samagaldaj

Tandy

Tes-Chem

• Baj-Chaak

Chövü-Aksy

Cedi-Chöl

Ulug-Chem

• Šagaan-Aryg

Čaa-Chöl

• Čaa-Chöl

Öwür

Čöön-Chemčik

• Čadaana

Chandagajty

Süt-Chöl

• Sug-Aksy

Baryyn-Chemčik

Kyzyl-Mažalyk

Baj-Tajga

• Teeli

Möngün-Tajga

Mugur-Aksy

MONGOLEI

Internationale Grenze

Republik Tyva

VERWALTUNGSGRENZE DER RUSSISCHEN FÖDERATION

Feldforschungsregion in der Republik Tyva

Verwaltungsgrenze der Republik Tyva

Regionales Zentrum; Hauptstadt von Tyva

© Max-Planck-Institut für ethnologische Forschung Halle/Saale Deutschland

Kartengrundlage Ostsibirisches Luftgeodätisches Büro & Roskartographie 2003
Topographische Karte der Republik Tyva 1:1 000 000

Zur Einführung

Die Tuwiner in Südsibirien

Die in vorliegendem Band versammelten Texte stammen von einem zahlenmäßig kleinen Turkvolk, den Tuwinern, die beiderseits der Grenze zwischen Sibirien und Mongolei, vom Altai-Gebirge bis westlich des Baikalsees beheimatet sind. Sie leben heute auf den Territorien von drei Staaten: in der Russischen Föderation (Südsibirien), in der Nord- und Nordwest-Mongolei und im Altaigebiet Chinas (Zentralasien). Der weitaus größte Teil konzentriert sich in Südsibirien (2002: 243 442), in der zur Russischen Föderation gehörenden und nördlich an die Mongolei angrenzenden Republik Tuwa. Die Tuwiner bilden hier mit ca. 67,1 Prozent (2004) die Bevölkerungsmehrheit. Über die Hälfte der südsibirischen Tuwiner (2002: 135 592) lebt auf dem Land in Dörfern oder betreut als Nomaden ihre Herden in Steppe und Taiga.

Die Tuwiner Südsibiriens bezeichnen sich selbst als *Tyva kiži*. Die bekannteste deutsche Namensform „Tuwiner" ist auf die in der russischen Literatur verbreitete Bezeichnung *tuvincy* zurückzuführen, welche wiederum von Tyva abgeleitet wurde (dazu s. Taube, E. 1994).

Ein Großteil der heutigen Tuwiner in Südsibirien spricht als Muttersprache die tuwinische Sprache (tuw.: *tyva dyl*), eine Turksprache, die zur altaischen Sprachfamilie gehört.

Im Zuge der Alphabetisierung schriftloser Völker der Sowjetunion in den 30er Jahren wurde auch in der damals noch von Russland unabhängigen Volksrepublik Tannu-Tuwa eine Schrift aus lateinischen Buchstaben entwickelt. Maßgeblich war an dieser Aufgabe der Philologe A. A. Palmbach (Ischakov und Pal'mbach 1961) beteiligt, der auf Vorarbeiten von Wilhelm Radloff (1893–1911) zurückgreifen konnte. In den 40er Jahren wurde schließlich das lateinische Alphabet durch ein kyrillisches ersetzt, das bis heute in den tuwinischen Schulen gelehrt wird.

Spätestens seit der Angliederung der Volksrepublik Tannu-Tuwa an die Sowjetunion im Jahre 1944, zunächst als Tuwinisches Autonomes Gebiet, ab 1961 als Republik Tuwa und ab 1993 als Republik Tyva fand in der Bevölkerung eine grundlegende sozialistische Umstrukturierung statt. Doch trotz zahlreicher mehr oder weniger erfolgreicher Versuche der Sesshaftmachung und Kollektivierung sowie der Verfolgung von Menschen, die nach religiösen Maßstäben denken und handeln, besteht bis in die heutige Zeit auch eine Kontinuität im wirtschaftlichen, sozialen und geistigen Leben vieler Tuwiner, die das Wissen ihrer Ahnen weitergeben und sich gleichzeitig den derzeitigen Bedingungen anpassen. Heute sichern sich viele tuwinische Familien ihren Lebensunterhalt, indem sie die Mitglieder der Großfamilie in möglichst vielen Wirtschaftsbereichen positionieren und innerhalb der Verwandtschaft in regem Austausch stehen. Ein Teil der Familie betreut in althergebrachter nomadischer Lebensweise die Herden und produziert Fleisch und Milchprodukte. Viele in Dörfern siedelnde Familienmitglieder betreiben Gartenbau und versorgen die Verwandtschaft mit Kartoffeln, Kohl, Möhren und anderem Gemüse. Begrenzt bieten die Dörfer auch Möglichkeiten für bezahlte Arbeit und gelegentliche

Geldverdienste. Die Verwandtschaft in der Stadt bringt jedoch mehr Geld in die Haushalte und ermöglicht so den Kauf von Wirtschaftsgeräten, Kleidung, Transportmitteln und Benzin. Das Verwandtschaftsnetz ist auch heute noch unentbehrlich für die Absicherung der Existenz aller Familienmitglieder, die aufeinander angewiesen und füreinander da sind.

Die Republik Tuwa hat heute im Vergleich zu anderen Regionen Sibiriens einen hohen Bekanntheitsgrad. Internationale Medien verbreiten ein Bild der Republik und ihrer Bewohner, das stark von ihrer traditionellen Wirtschaftsweise, der nomadischen Viehzucht, von ihren religiösen Traditionen, vor allem dem bis in die Gegenwart praktizierten Schamanismus, und von einer typisch tuwinischen Art des Gesanges, dem Oberton- und Kehlgesang, geprägt ist. Alle drei Merkmale sind keine historischen Relikte, sondern Elemente der gegenwärtigen, gelebten tuwinischen Kultur. Mit ihrer zunehmenden Bekanntheit sind sie mitverantwortlich für einen regen Austausch zwischen Menschen aus der Republik Tuwa und dem Rest der Welt und geben Impulse für einen sich entwickelnden Tourismus in die Region. Darüberhinaus stärken sie das Selbstbewusstsein vieler Tuwiner, die sich mit Stolz zu ihrer Kultur bekennen, sie im öffentlichen wie im privaten Raum fördern, pflegen und weitergeben.

Dazu einige Details. Die nomadische Viehzucht der Tuwiner findet geographisch und kulturell an einer Schnittstelle zwischen zwei wirtschaftlich-kulturellen Typen statt. Zum einen findet man unter den Tuwinern die nomadischen und halbnomadischen Viehzüchter der Gebirgssteppen und Gebirgswälder und zum anderen die Jäger und Rentierhalter der Taigazone (dazu s. Taube, E. 1981). Die großen Unterschiede in Wirtschaftsweise und Lebensform der Tuwiner beruhen auf einer geographisch und klimatisch bedingten Zweiteilung der von ihnen besiedelten Gebiete. Der von Steppen beherrschte kleinere Westteil der Republik steht im Gegensatz zu dem von Lärchen- und Zirbelkiefer-Gebirgswäldern geprägten Ostteil, was zum Vorkommen von Yak und Kamel in unmittelbarer Nachbarschaft mit dem paläarktischen Rentier führt (Leimbach 1936: 65).

In erstgenannter Region lebt die Mehrheit der Tuwiner Südsibiriens. Die Grundlage der Nahrungsgewinnung bilden hier die Herdentiere, nämlich Yak, Pferd, Kamel, Rind, Schaf (Fettsteißschaf) und Ziege. Die Zusammensetzung der Herden variiert jedoch nach den geographischen Gegebenheiten, dem Klima und der Vegetation. Typisch sind Kombinationen wie Kamel, Rind, Schaf, Ziege in den Steppengebieten Süd-Tuwas oder Yak, Schaf und Ziege in den Hochgebirgsregionen West-Tuwas. In Nord und Zentral-Tuwa bestehen die Herden häufig aus Rindern, Schafen und Ziegen, seltener sind hier auch Kamele anzutreffen. Auch die zahlenmäßige Zusammensetzung der Herden variiert je nach den geographischen Bedingungen. Aus der Milch der Herdentiere stellt man in den Jurten eine breite Palette an Produkten her, welche vor allem im Sommer als Hauptnahrungsmittel dienen (dazu Oelschlägel 2000). Außerhalb der Laktationsperiode, in den Wintermonaten, rückt das Fleisch in den Vordergrund der Ernährung. Außerdem bieten gesammelte Wildzwiebeln, Wurzeln, Baum- und Strauchfrüchte eine willkommene Abwechslung auf dem Speiseplan. Die Jagd spielt zur Fleischversorgung nur eine zweitrangige Rolle (zur Jagd: Vajnštejn 1972). Wild, Fleisch, Milchprodukte, Wolle, Felle und Leder sowie gesammelte Beeren können von den Nomaden verkauft werden. Andere Nahrungsmittel wie Gemüse, Kartoffeln, Nudeln, Reis, Hirse, Buchweizen, Mehl und Gewürze müssen dagegen zugekauft werden.

Zu den Jägern und Rentiernomaden der Taigazone zählen die im Osten der Republik Tuwa im Einzugsgebiet des Bij-Chem, in Tožu und teilweise im Einzugsgebiet des Kaa-Chem lebenden Tuwiner, welche sich als Tožu-Tyva bezeichnen (Vajnštejn 1972) und als eigenständige Ethnie heute zu den zahlenmäßig kleinen indigenen Völkern des Nordens, Sibiriens und des Fernen Ostens zählen.

Für sie spielt die Jagd eine größere Rolle als für die Viehzüchter der Steppengebiete und Hochgebirgstaiga. Sie dient in erster Linie der Fleischversorgung, hat aber auch Bedeutung als Pelzerwerb zum Tausch und Verkauf an Nachbarvölker und ist für viele die einzige Möglichkeit, in den Besitz von Geld und somit von im Handel erhältlichen Produkten (Nahrungsmittel und Gebrauchsgegenstände) zu gelangen. Die wichtigsten Fleischlieferanten vor allem in den Wintermonaten sind Cerviden wie Elch, Wildren, Maralhirsch und Reh. Wegen ihres Pelzes dagegen jagt man Eichhörnchen, Zobel, Füchse und Wölfe. Beliebte Handelswaren nach China sind außerdem Geweihe, welche in ihrem Wert noch steigen, wenn sie fast ausgewachsen aber noch nicht gefegt sind, sowie das Moschus-Tier. Fisch ergänzt gelegentlich den Speiseplan. Die Grundlage der traditionellen Wirtschaft bildet in diesen Gebieten jedoch die Rentierzucht. Das Ren ist Milch- und Fleischlieferant, Reit- und Lasttier gleichermaßen (Mänchen-Helfen 1931: 40 ff.; Leimbach 1936: 65 ff.). Sein ausgewachsenes, aber noch nicht gefegtes Geweih ist begehrte Handelsware in China.

Gerade wegen der häufig romantisierenden Beschreibung der tuwinischen Lebensweise in den westlichen Medien möchte ich nicht verschweigen, dass die Republik Tuwa wirtschaftlich ein sehr armes Land ist. Der Republik fehlt es fast völlig an Industrie. Auf diese Weise hängt Tuwa am Tropf der wenigen Gelder, die von Moskau in die südsibirische Republik fließen. Nur sehr begrenzt ist die Möglichkeit, zu einem regelmäßigen Einkommen zu gelangen, bei Arbeitgebern wie dem Staat (Regierung, Verwaltung, Polizei, Bildungswesen, medizinische Einrichtungen) oder Firmen, die Bodenschätze oder sonstige natürliche Ressourcen ausbeuten (Asbest, Gold, Holz). Weitere Möglichkeiten zum Geldverdienst bieten ein wenig Handwerk, privater- und Einzelhandel und die in Kooperativen organisierte Viehzucht oder Pelztierzucht.

Die Bevölkerung Tuwas kann als sehr arm bezeichnet werden. Finanzielle Einkünfte, die für Kleidung, Schulmaterial, zusätzliche Nahrungsmittel, Werkzeuge, Drogeriewaren und sonstige in der Wirtschaft nötige Gebrauchsgegenstände und Verbrauchsmaterialien benötigt werden, fließen bei den Nomadenfamilien häufig ausschließlich über die völlig unzureichenden Renten der Großelterngeneration. Sie werden für Arbeitstätigkeit zu Sowjetzeiten gezahlt. Eine Rentenversicherung gibt es heute nur noch bei staatlichen Arbeitgebern. Viele Viehzüchter, Einzelhändler und Handwerker bleiben unversichert. Die Generation der Rentenempfänger aber stirbt aus. So wird über kurz oder lang auch dieser minimale Geldzufluss in den Nomadenfamilien ausbleiben, die sich dann ganz auf Subsistenzwirtschaft zurückgeworfen sehen, ein Zustand, der selbst den Schulbesuch und die dazugehörige Ausstattung der Kinder nahezu unmöglich macht.

Folgen der hohen Arbeits- und Einkommenslosigkeit sind unter anderem eine hohe Kriminalitätsrate und Alkoholismus, zwei Phänomene, für die ganz Sibirien bekannt ist. In der Republik Tuwa zeigen sich die Folgen dieser Missstände bereits massiv in der Bevölkerungsstatistik. Die Lebenserwartung in Tuwa gehört mit 54 Jahren zu den niedrigsten in Russland, wobei die Lebenserwartung der Männer (1994 unter 50 Jahren) noch weit unter der der Frauen liegt. Im Alltag ist dies durch einen akuten Mangel an Männern spürbar. Frauen aller Altersgruppen leben in der Stadt als Alleinerziehende. Gleichzeitig gibt es kaum Junggesellen, die für eine neue Partnerschaft zur Verfügung stehen. Während zum Beispiel viele Frauen – die im Vergleich zu den Männern häufig besser ausgebildet sind – in der Stadt noch unter der berufstätigen Intelligenz einen Arbeitsplatz finden, trifft die Arbeitslosigkeit die Männer wesentlich härter. Auch sind es die Männer, die schneller dem Alkohol verfallen und auf eine kriminelle Bahn geraten. Dadurch finden sie häufig auch einen frühen Tod.

Die Begeisterung für einige Elemente der tuwinischen Kultur in den westlichen Medien überblendet diese Probleme. Trotzdem lassen sich positive Entwicklungen für eine bessere Zukunft der Bevölkerung der Republik Tuwa feststellen. Vor allem im deutschsprachigen Raum, in Deutschland, in Österreich und der Schweiz, aber auch in Nordamerika ist heute der tuwinische Schamanismus in breiten Bevölkerungskreisen bekannt. Nicht nur Ausstellungen in Museen und Berichte in Zeitungen, Zeitschriften und im Fernsehen bieten regelmäßig Informationen und Hintergründe zum Thema Schamanismus in der kleinen südsibirischen Republik. In Europa und Amerika hat sich in den letzten beiden Jahrzehnten eine Szene entwickelt, die eine Art „modernen" Schamanismus oder Neoschamanismus, vor allem nach Vorbild des tuwinischen Schamanismus, praktiziert. Regelmäßig treffen sich westliche Schamanen und schamanismusinteressierte Laien mit tuwinischen Schamanen zu Schamanismus-Konferenzen in Europa, Amerika und in Tuwa. Tuwinische Schamanen fahren mehrfach in ihrem Berufsleben nach Europa und Amerika, und westliche Schamanismusfreunde besuchen die Republik Tuwa, immer mit dem Ziel, miteinander Erfahrungen und Wissen auszutauschen und gemeinsam Rituale und Séancen durchzuführen. So sind heute starke Einflüsse des tuwinischen Schamanismus auf die westliche Schamanismusszene zu beobachten, ebenso wie der gegenwärtige tuwinische Schamanismus Einflüsse westlicher Esoterik bis hin zum Glauben an und zur Kommunikation mit Außerirdischen aufweist. Die Schamanen der Republik Tuwa haben sich in mehreren Schamanenvereinigungen zusammengeschlossen. Sie praktizieren für Einheimische und Fremde in speziellen Häusern vor allem in der Stadt und gegen hohe Honorare. Nicht nur aus diesem Grund werden mehr und mehr kritische Stimmen aus der tuwinischen Bevölkerung laut, die die zunehmende Kommerzialisierung des Schamanismus kritisieren und vor einer Entwicklung zum Show-Schamanismus warnen. Nach Meinung zahlreicher Laien verlieren der Schamanismus und die Schamanen auf diese Weise an Glaubwürdigkeit. Diskussionen über „echte" und „falsche" Schamanen bestimmen den Diskurs der religiösen Laien über die Fähigkeiten der zeitgenössischen Schamanen und den Wert ihrer Dienste als Vermittler zwischen Menschen- und Geisterwelt. Davon zeugen auch die in diesem Band versammelten Sagen über historische Schamanen, die allesamt mit der Absicht erzählt wurden, der Herausgeberin ein Beispiel und ein Bild von „echten" Schamanen zu geben, wie sie einst unter den Tuwinern lebten und wirkten.

Ähnliche Entwicklungen interkulturellen Austauschs und zunehmender Bekanntheit tuwinischer Kultur lassen sich am Beispiel der Ethno-Musik-Szene beobachten. Der Oberton- und Kehlgesang *(Chöömej)*, für den die Tuwiner inzwischen weltweit bekannt sind, hat seine größte Verbreitung und findet die meisten seiner Vertreter in der Republik Tuwa. Inzwischen gibt es zahlreiche tuwinische Bands, die durch Europa und Amerika touren. Tuwinische Musik ist von westlichen Ethno-Musik- und Folklore-Festivals heute nicht mehr wegzudenken und immer mehr Europäer, Amerikaner und auch Japaner reisen nach Tuwa, um diese besondere Art des Gesanges zu erlernen.

Die Besonderheiten und die Bekanntheit der tuwinischen Kultur fördern den Tourismus. Dieser wiederum eröffnet einen neuen und lohnenden Arbeitsmarkt für die einheimische Bevölkerung.

Die Besonderheiten der tuwinischen Kultur haben auch wissenschaftliches Interesse geweckt. Die Republik Tuwa fördert und finanziert zwei geisteswissenschaftliche Einrichtungen, das Forschungszentrum für Sprache, Literatur und Geschichte (heute: Tuwinisches Institut für geisteswissenschaftliche Forschungen), in dem zumeist einheimische

Mitarbeiter die Archäologie, Geographie, Geschichte, Sprache, Literatur und Kultur der Republik erforschen, und das Zentrum für Chöömej-Forschung. Ein archäologisches, historisches und ethnographisches Museum rundet die Wissenschaftslandschaft ab. Zunehmend wird Tuwa auch von westlichen Geisteswissenschaftlern im Rahmen von Forschungsreisen aufgesucht. Es bilden sich internationale Kooperationen. Inner- und außerhalb von Tuwa sind in den letzten zwei Jahrzehnten zahlreiche Publikationen zur Geschichte, Sprache, Literatur und Kultur der Tuwiner entstanden. Beispiele deutscher Literatur sind im Kapitel *Weiterführende Literatur* angegeben.

Zeitgenössische Sagen und andere Folkloretexte aus Tuwa

Die vorliegende Textsammlung bietet insgesamt 69 Texte, die der Herausgeberin während eines einjährigen Forschungsaufenthaltes (2004–2005) in der Republik Tuwa von Einheimischen erzählt wurden. Dazu kommen vier Segenssprüche, die bereits während eines Aufenthalts im Jahr 1995 aufgezeichnet wurden. Bis auf ein Lied (Nr. Y 16) und vier Anrufungen (Nr. Y 17, 1–4) handelt es sich um Texte, die im gegenwärtigen Tuwa mündlich erzählt und auf diesem Weg weitergegeben werden. Die Textsammlung umfasst 59 zeitgenössische Sagen, ein Lied (Nr. Y 16), 10 Anrufungen und Segenssprüche (Nr. Y 17, 1–4; HG 14; HG 15; NL 16, 1–4), zwei Märchen (Nr. WA 3; NL 14) und eine mythenähnliche Kurzerzählung (Nr. H 3).

Die 59 in Tuwa aufgezeichneten Erzählungen weisen in ihrer inhaltlichen Struktur große Ähnlichkeiten mit den deutschen *historischen Volkssagen* auf, die bis heute zahlreich veröffentlicht, aber gleichzeitig in ihren Erzählstoffen und -inhalten als bewahrenswerte Relikte der Vergangenheit (Vormoderne) verstanden werden.

Mehrere Aufsätze deutscher Folkloristen (zusammen-gefasst in Petzoldt 1969 und 2002) weisen auf ein Merkmal deutscher Volkssagen hin, das auch für die hier veröffentlich-ten tuwinischen Erzählungen charakteristisch ist. Meine tu-winischen Gesprächspartner selbst bezeichneten ihre Erzäh-lungen in tuwinischer Sprache als „болган таварылгалар", ein Begriff, den ich ins Deutsche als „tatsächliche Gescheh-nisse" oder deutlicher als „tatsächlich geschehene Ereignis-se" übersetzte. Im Jahr 1941 veröffentlichte der deutsche Fol-klorist Siegfried Beyschlag (1969 [1941]: 189) seinen Aufsatz „Weltbild der Volkssage" und erklärte darin sehr treffend, was auch ich in Tuwa bezüglich der von mir gesammelten Erzählungen feststellen konnte: „Wo die Sage noch als [...] Mitteilungsstoff in ernster Erzählgemeinschaft von Erwach-senen [existiert], wird sie ernst genommen als eine glaubbare Wirklichkeit, sei es eines Erlebens oder Erkennens. Hier spielt sie die Rolle eines Berichtes von Geschehenem und ist damit Ausdruck einer Erkenntnis von Weltzusammenhängen. Sie drückt in der Art ihrer Darstellung das Bewusstsein ihrer Trä-ger aus, Wirklichkeit wiederzugeben." Dem stimmt auch Rolf Wilhelm Brednich (1990: 6) zu, der zum Ende des 20. Jahr-hunderts zeitgenössische deutschsprachige Sagen sammelte und in mehreren Bänden veröffentlichte: „Wo sie [die Sagen] aus mündlicher Tradition geschöpft haben, sprachen ihre Er-zähler sicher noch nicht von ‚Sagen'. ‚Alte Wahrheiten' oder einfach ‚Wahrheiten' galt als volkstümliche Bezeichnung für dieses Genre, wodurch zum Ausdruck gebracht wird, dass Sagen populäres Wissensgut darstellen und für wahr gehal-tene Ereignis- und Erlebnisberichte beinhalten."

Diese Erläuterungen entsprechen voll und ganz dem Umgang meiner tuwinischen Forschungspartner mit ihren Erzählungen von eigenen Erlebnissen oder den Erlebnis-sen ihrer Verwandten oder Bekannten, die als glaubwürdi-ge Wahrheitsberichte mündlich weiter gegeben werden. Die tuwinischen zeitgenössischen Sagen sind Wahrheitsberichte, trotz der selbstverständlichen Anwesenheit nichtmenschlicher Subjekte beziehungsweise nichtmenschlicher intelligenter Wesen, mit denen der Mensch in permanenter Interaktion beziehungsweise in permanentem Austausch steht.

Der Begriff „Sage" als Literaturgattung geht auf die Gebrüder Grimm (Deutsches Wörterbuch, Bd. XIV, 1893) zurück. Seither hat es zahlreiche Versuche gegeben, diese Textgattung zu definieren. Eine der treffendsten Definitionen stammt von Burkhardt (1951: 14): „Sagen sind volkläufige Erzählungen ungewöhnlichen Inhalts, die oft vom Einbruch einer supranaturalen Welt in die Welt der realen Alltäglichkeit als tatsächlichem Geschehnis zeugen und die in der Form eines einfachen Ereignisberichtes erzählt werden."

In Bezug auf die Erkenntnisse der Sagenforschung[1] und vor dem Hintergrund der in den Jahren 2004–2005 aufgezeichneten tuwinischen Sagen lässt sich der Begriff folgendermaßen definieren: *Die zeitgenössische tuwinische Sage ist eine auf mündlicher Überlieferung basierende, religiös motivierte, wundersame oder erstaunliche Kurzerzählung, die als Wahrheitsbericht verstanden wird und auf religiös gedeuteten, möglichen oder tatsächlichen Begebenheiten beruht.* Dieser Definition möchte ich einige Erläuterungen hinzufügen.

---

1   Petzoldt (2002: 58–60) fasst die wesentlichen Merkmale der Sagen wie folgt zusammen: mündliche Erzählung; Wahrheitsanspruch; schlichte Struktur; Kürze und Einepisodigkeit; inhaltliche Auseinandersetzung des Menschen mit seiner eigenen und der ihn umgebenden Natur, mit der historischen Realität und der transzendenten Welt; Einbruch des Übernatürlichen in die Alltagswelt; außerdem handelt es sich um die Wiedergabe einmaliger, individueller Erlebnisse, die vor dem Hintergrund kollektiver Glaubensvorstellungen und Erfahrungen interpretiert werden.

I

Die vorliegenden Sagen werden als Erzählungen von tatsächlich geschehenen Ereignissen verstanden. Davon zeugt bereits ihre tuwinische Bezeichnung als *bolgan tavarylgalar*. Diese kann sinngemäß als „*tatsächlich geschehene Ereignisse*" übersetzt werden und bedeutet, dass diese Art Erzählungen im Gegensatz zu ausgedachten Geschichten auf Realität beruhen. Der Anspruch auf Tatsächlichkeit wird vom Erzähler darüber hinaus häufig mit genauen Angaben über den Ort und/ oder den Zeitpunkt des Ereignisses sowie über die Personen[2], die das Erzählte erlebt haben sollen, belegt.

II

Die zeitgenössischen Sagen sind *Gelegenheitserzählungen*[3], die ohne religiösen oder festlichen Anlass erzählt werden. Sie können nicht nur bei jeder Gelegenheit zum Gesprächsthema werden, sie kommen auch ohne Vorgaben über die Art und Weise des Erzählstils und des Erzählvorgangs aus. Besonders gern erzählen sich die Tuwiner zeitgenössische Sagen in den dunklen Abendstunden, wenn sie in ihren Häusern und Jurten mit Gästen zusammensitzen und sich unterhalten. Beliebte Erzählsituationen sind auch die verschiedenen Formen des Reisens (zu Fuß, zu Pferd oder per Jeep), für die sich häufig mehrere Tuwiner zusammenfinden, wobei sie sich mit Erzählen die Zeit zu vertreiben.

---

2 Im Interesse der Betroffenen hat die Herausgeberin die Namen der in den Sagen auftretenden Protagonisten geändert.

3 Im Gegensatz zu den tuwinischen Märchen, Liedern und anderen Literaturgattungen, die mit besonderen Ereignissen und Regeln des Vortrages verbunden sind. Dazu Taube (1992, 1995, 1997, 2000, 2008).

III

Die genannten Erzählkontexte bedingen, dass diese Sagen fast ausschließlich *mündlich* weitergegeben werden. Sie sind keine Literaturgattung, die mit Schriftstellerei in Verbindung gebracht werden kann, und verzichten häufig auf jede literarische Ausgestaltung.

IV

Die knappen Erzählungen sind kurze und schmucklose *„Tatsachenberichte"*, über deren Glaubwürdigkeit oft diskutiert wird und sich letztendlich jeder selbst seine Meinung bilden muss. Sie berichten von Begebenheiten, die Verwandte oder Bekannte erlebt haben und die wegen ihrer *Erstaunlichkeit* weitererzählt werden.

V

Die vorliegenden Sagen werden als *zeitgenössisch* bezeichnet. Das heißt, dass alle hier versammelten Sagen gegenwärtig erzählt werden; das Erzählen von Sagen ist in Tuwa bis heute ein weit verbreitetes und ganz alltägliches Phänomen.

Der Begriff steht aber auch für den Entstehungszeitraum. Die meisten Sagen geben den Zeitpunkt des Geschehens an oder nennen eine Person, die noch lebt oder die tatsächlich gelebt hat. Handelt es sich um eine bereits verstorbene Person, dann ist sie über eine Genealogie bis in die Jetztzeit im Text konkret nachzuvollziehen. Nur selten ist die historische Verankerung eines Protagonisten nicht angegeben. Dann werden die Floskeln „einmal" oder „einst" gebraucht. Das Spektrum der historischen Verankerung des beschriebenen Ereignisses reicht in dieser Ausgabe vom Erzähler selbst, der ein eigenes Erlebnis berichtet, bis zur „Großmutter der Großmutter", wie es in den Sagen des Erzählers 3 der Fall ist.

VI

In Bezug auf die Handlung der Sagen würde ich als Sammlerin persönlich von *tatsächlichen oder möglichen Ereignissen* sprechen, die von den Erzählern religiös gedeutet werden. Erzählt werden Ereignisse, die tatsächlich passiert sind oder die jederzeit geschehen könnten und die eine Besonderheit dadurch erlangen, dass sie mit *volksreligiösen Deutungen* angereichert werden. Wird eine Sage erzählt, findet ein Perspektivwechsel bei der Betrachtung des Ereignisses statt. Das Erzählen einer Sage geschieht hier generell aus der Perspektive der spezifisch tuwinischen Varianten des Animismus und des Schamanismus.

VII

Das für Sagen gebrauchte Modell der Weltinterpretation (Weltbild) kann man als *Interaktionsmodell*[4] bezeichnen. Der Begriff *Interaktionsmodell* meint ein *Modell der Weltinterpretation, das die Welt als eine Menge von menschlichen und nichtmenschlichen Subjekten versteht, die in permanenter Interaktion miteinander stehen.* In anderen Worten, das Interaktionsmodell rückt *die Interaktionen zwischen menschlichen und nichtmenschlichen Subjekten* ins Zentrum der Betrachtung. Es versteht den Menschen als eine von vielen Arten wirksamer Subjekte, die das

---

4   Eine detaillierte Beschreibung des tuwinischen Interaktionsmodells findet sich in folgender, im Druck befindlicher Studie der Herausgeberin: Anett C. Oelschlägel: *Plurale Weltinterpretationen. Das Beispiel der Tyva in Südsibirien.* Erscheint Anfang 2013 in Fürstenberg/Havel: SEC Publications/Kulturstiftung Sibirien gGmbH.

Geschehen in der Welt über ihr Wirken gemeinschaftlich gestalten.

Zu den nichtmenschlichen Subjekten gehören Götter, wie Vater Himmel und Mutter Erde, Vater Sonne und Mutter Mond, verschiedene als Götter gedeutete Sterne, die Herren der Unter- und der Oberwelt und andere. In den tuwinischen Sagen werden sie eher selten erwähnt.

Bedeutender für den tuwinischen Alltag und wesentlich häufiger in den Sagen vertreten, sind zahlreiche Kategorien von Geistern, vor allem die sogenannten Herrengeister und die zahlreichen Schadensgeister. Sie sind am Anfang der Kapitel *Von hilfreichen Herrengeistern* und *Von gefährlichen Schadensgeistern* näher beschrieben.

Während die Geister der tuwinischen Welt mit Bewusstheit, Wille, Verstand, Vernunft und Intelligenz ausgestattet sind, gibt es auch Subjekte, die ohne diese Eigenschaften auftreten und dennoch wirksam sind. Dazu gehören Energien, Landschaften und deren Bestandteile, Gebirge, Täler, Pässe, Quellen und bestimmte Bäume, aber auch Werkzeuge und sonstige Gebrauchsgegenstände. Sie sind Subjekte (Oelschlägel 2004: 27 f.), die eine Seele besitzen und mit dem Menschen interagieren.

In einem Weltbild, das von permanenten Interaktionen zwischen menschlichen und nichtmenschlichen Subjekten ausgeht, muss es auch Regeln und Normen geben, die den Menschen als Handlungsanweisungen für richtiges Verhalten dienen. Die wichtigsten Regeln und Normen werden durch die Herrengeister gesetzt, die als die wahren Eigentümer alles Nichtmenschliche in der Welt schützen und als deren „Anwälte" gegenüber den Menschen auftreten. Sie überwachen das menschliche Handeln und Verhalten. Sie haben die Macht, Norm- und Regelbruch zu bestrafen und achtsame Menschen, die den Regeln der Interaktion folgen, zu belohnen.

VIII

Die *Schamanen* kann man – neben anderen Funktionen – als Dolmetscher, Botschafter und Schlichter verstehen. Sie vermitteln zwischen Menschen und Geistern. Sie teilen die Bedingungen beider Seiten für ein friedliches Miteinander der jeweils anderen Seite mit. Sie setzen sich bei Interessenskonflikten für Kompromisse ein. Sie lösen Konflikte und klären Missverständnisse zwischen beiden Interessensgruppen auf. Dazu sind die Schamanen durch ihre Hilfsgeister berufen worden und dieser Funktion sind sie häufig lebenslang durch die Geister, aber auch gegenüber den Menschen verpflichtet.

Die Schamanen kommen ihrer Bestimmung nach, indem sie regelmäßige Rituale im Jahreszyklus durchführen, in deren Verlauf eine Gruppe von Menschen mit bestimmten, für ihr Leben bedeutsamen Geistern in Kontakt tritt. Sie besprechen miteinander das vergangene Jahr, seine positiven und negativen Ereignisse sowie die Beteiligung der Menschen und der Geister daran, und klären die Bedingungen für ein gesundes, gutes und erfolgreiches nächstes Jahr. Schamanen helfen bei Konflikten mit der Geisterwelt, wenn zum Beispiel durch Geister Krankheiten verursacht werden. In solchen Fällen vermitteln sie, um den gegenwärtigen Konflikt zu lösen und um weitere Konflikte für die Zukunft zu verhindern. Dazu gehört auch, den Angehörigen von Verstorbenen zu erklären, warum der Todesfall sein musste und sich nicht verhindern ließ. Schamanen verfügen über einen großen Wissensschatz und wertvolle Einsichten in die durch Götter und Geister gesetzten Regeln richtigen menschlichen Verhaltens. Deshalb sind sie in der Lage, den religiösen Laien mit Informationen und Erklärungen zur Seite zu stehen, wenn diese eine Beratung benötigen oder Gefahr laufen, Fehler zu begehen. Schamanen sind das Gewissen der Menschen, sie warnen und mahnen, wann immer sie Gefahr für die guten Beziehungen zwischen Menschen und Geisterwelt sehen.

IX

In diesem Sinne sind die hier veröffentlichten Sagen auch als *religiös motivierte Erlebnisberichte* zu verstehen. Man kann sie als gleichnishafte Lehrerzählungen betrachten, die mehrere Funktionen in sich vereinen: (1) Sie klären über richtiges und falsches Verhalten nach den Normen und Regeln des Interaktionsmodells auf. (2) Sie geben Handlungsanweisungen und warnen vor falschem Verhalten in Bezug auf die in den Erzählungen enthaltenen beispielhaften Situationen. Hält sich der Protagonist an die vorgegebenen Regeln, so erhält er häufig eine Belohnung durch Vertreter der Geisterwelt. Andernfalls folgt eine Bestrafung und häufig eine Belehrung der Zuhörer, welches Verhalten man zu seinem Besten vermeiden sollte. Die Sagen zeigen darüber hinaus, was demjenigen geschehen kann, der wissentlich oder aus Unachtsamkeit gegen die Normen und Regeln des Interaktionsmodells verstößt. (3) Sie zeigen, wie man sich in kritischen Situationen verhalten soll, um Gefahren, die aus der Geisterwelt drohen, abzuwenden. Dazu gehören Situationen, in denen sich Menschen durch eigenes Verschulden oder unverschuldet der gefährlichen Verspieltheit, den Neckereien oder boshaften Angriffen durch Schadensgeister ausgesetzt sehen. (4) Die Sagen geben Hinweise darauf, wie man sich die verschiedenen nichtmenschlichen Subjekte vorstellen kann, wie sie aussehen und welche Eigenschaften sie haben. (5) Sie zeigen darüber hinaus, welche Verhaltensweisen und Reaktionen von nichtmenschlichen Subjekten zu erwarten sind, worauf man sich bei einer Begegnung einstellen muss und was man im Umgang mit ihnen zu beachten hat.

Damit dürfte deutlich geworden sein, dass das Erzählen von Sagen und die strukturellen Merkmale dieser Erzählgattung kein spezifisch tuwinisches, sondern ein globales Phänomen sind. Gleichzeitig sollten Sagen nicht als historische und aus-

gestorbene Erzählgattung betrachtet werden, wie die Leben-
digkeit des Erzählens von Sagen im gegenwärtigen Tuwa
ausreichend belegt. Weltweit wurden und werden bis heute Sagen erzählt. Doch sind die jeweiligen volksreligiösen
Deutungen, die in einer Sage zum Ausdruck kommen, spezifisch für den kulturellen Hintergrund, in dem die Sage erzählt wird. Sagen mit volksreligiösen Deutungen werden in
Deutschland dem vormodernen Weltbild zugeordnet, das uns
mit dem Fortschreiten der Aufklärung mehr und mehr verloren ging. Doch auch heute werden noch Sagen in Deutschland erzählt, wenn sie auch ganz auf volksreligiöse Deutungen verzichten. Mehrere Materialbände mit zeitgenössischen
deutschen Sagen legte Rolf Wilhelm Brednich unter dem Ti-
tel: „Die Spinne in der Yucca-Palme. Sagenhafte Geschichten
von heute" erstmals 1990 vor und ergänzte diesen Band mit
fünf weiteren Bänden.

Nachdem ich in Tuwa die Gelegenheit bekam, 59 zeitgenössische tuwinische Sagen aufzuzeichnen, ins Deutsche
zu übersetzen und so den Lesern in Deutschland zugänglich
zu machen, habe ich nun vor allem noch ein Bedürfnis. Ich
möchte hier vier deutsche Sagen erzählen und damit einen
Eindruck von zweierlei vermitteln: Mit den ersten beiden Sagen möchte ich zeigen, welche Entsprechung die noch heute in der Republik Tuwa lebendige Sagenwelt im historischen
Deutschland noch weit bis in die Aufklärung hinein hatte.
Und mit zwei weiteren Sagen möchte ich ein Bild davon vermitteln, wie sich die Inhalte der Sagen wandeln, wenn die
Volksreligion und mit ihr die vielfältigen nichtmenschlichen
intelligenten Wesen, die Geister und Kobolde, die Nixen und
Wassermänner, die Zwerge und Riesen, aus dem Gedächt-
nis und der Realität einer Kultur verschwinden. Die ersten
beiden Sagen sind historische Sage aus meiner Heimat Sach-
sen, die darauf folgenden sind zeitgenössische deutsche Sagen, die dritte gehört zu den Erzählmotiven, die in der DDR
vor 1989 typisch waren, und die vierte Sage stammt aus der

Sammlung von Rolf Wilhelm Brednich und wurde vor 1990 in der BRD aufgezeichnet.

Die historische Sage 1 wurde mir als Kind von meiner Großmutter vorgelesen:
In der Nähe von Oelsnitz im Vogtland stand einst mitten im Wald ein völlig verfallener Bauernhof, der so alt war, dass niemand mehr wusste, wer einst in diesen Mauern gelebt hatte. Eines Tages suchte ein armes Mädchen in der Nähe der Ruine Pilze, konnte aber keine finden. Plötzlich trat ein uraltes kleines Moosweibchen auf sie zu und bat sie um ihre Hilfe. Das Mädchen hatte das alte Mütterchen noch nie gesehen, folgte ihr aber, um ihr den erbetenen Dienst zu leisten. Die Alte führte das Mädchen zu dem verfallenen Bauernhof. Da sah das Mädchen, dass in einem der Gebäude Licht brannte. Das Mädchen wunderte sich, da sie sich nicht erinnern konnte, dass der Hof je bewohnt gewesen sei. Die Alte aber ermunterte sie, in die Stube einzutreten und das Mädchen betrat ein kleines, gemütliches und warmes Zimmerchen mit altertümlichen Möbeln. Da sie alt sei und keine Kraft mehr habe, bat die Alte nun das Mädchen, für sie die Stube auszukehren und das Mädchen machte sich frisch an die Arbeit. Nachdem sie die Stube ausgefegt hatte, kehrte die Alte allen Schmutz auf eine Kehrschaufel und schüttete ihn in die leere Pilztasche des Mädchens. Das Mädchen wagte nicht, zu widersprechen und weil es spät geworden war, ging sie eilig nach Hause. Erst als sie am nächsten Morgen ihre Tasche ausschüttete, bemerkte sie, dass aller Schmutz, den die Alte in ihre Tasche geschüttet hatte, sich in Goldstücke verwandelt hatte, die die Alte ein Moosweibchen ihr als Lohn für ihre Hilfsbereitschaft und aus Mitleid mit ihrer Armut geschenkt hatte. Einige Leute, die von der Geschichte des Mädchens hörten, versuchten daraufhin, die Alte zu finden, doch niemand hat sie je wieder gesehen.

Die historische Sage 2 wurde mir von einem Touristenführer auf der Augustusburg bei Chemnitz erzählt, der uns gleichzeitig den betreffenden Baum zeigte:

Auf der Augustusburg im Süden von Chemnitz steht ein uralter Baum, über den man sich folgende Geschichte erzählt. Einst wartete im Kerker der Augustusburg ein Gefangener auf seine Hinrichtung. Man warf ihm vor, dass er einen Menschen ermordet habe, aber er beteuerte seine Unschuld, so sehr man ihn auch verhörte und folterte. Als alles für seine Hinrichtung vorbereitet war, der Scharfrichter, der ihn köpfen sollte, bereits sein Beil geschärft hatte und der Gefangene vor dem Richtbock stand, erbat sich der Todgeweihte das letzte Mal das Wort, was der Burgherr ihm auch gestattete. Da riss der Todgeweihte einen jungen Baum aus, drehte die Wurzel nach oben und steckte den Baum mit der Krone nach unten wieder in die Erde. Dann sprach er: „So wahr dieser Baum mit der Krone wieder Wurzeln schlägt, in der Erde anwächst und aus seinen Wurzeln Blätter und Blüten treibt, so wahr bin ich unschuldig und habe keinen Mord begangen." Danach wurde der Ärmste hingerichtet. Aber der Baum wuchs fest und trieb aus der Wurzel, die zum Himmel ragte, Blätter und Blüten und einige Monate später stellte man fest, dass der Hingerichtete unschuldig war. Der Baum steht bis heute im Hof der Augustusburg und seine Äste sind so alt und schwer, dass sie mit Holzstämmen gestützt werden müssen. Der Baum mahnt, keinen Häftling hinzurichten, solang seine Schuld nicht zweifelsfrei bewiesen ist.

Sage 3 wurde mir als Kind Mitte der 80er Jahre in der DDR erzählt:[5]

Folgende Geschichte ist nach dem Mauerbau passiert. Eine Familie in der DDR hatte Verwandte im Westen (in der BRD)

---

5   Eine zeitgenössische Sage mit demselben Motiv veröffentlichte
     Brednich (1990: 73–76). Brednich (ebd.: 76) verweist auch darauf,

und erhielt regelmäßig von ihren Verwandten Pakete mit Kaffee, Schokolade und anderen Waren, die es in der DDR nicht zu kaufen gab. Eines Tages erhielten sie wieder ein Paket und in dem Paket fanden sie die geöffnete und wieder verschlossene Packung einer Kuchenbackmischung mit einem grauen Pulver. Da es beim DDR-Zoll öfters vorkam, dass Pakete und ihr Inhalt geöffnet wurden, wunderten sie sich nicht weiter darüber. Am Samstag machte sich auch gleich die Mutter daran, den Kuchenteig mit Eiern, Butter und Milch anzurühren und den Kuchen auszubacken. Am Sonntag aß man den westdeutschen Kuchen zum Kaffeetrinken am Nachmittag.

Einige Tage später traf bei der Familie ein Brief von ihren Verwandten in Westdeutschland ein, der mehrere Wochen unterwegs gewesen sein musste. In dem Brief stand, dass die Oma verstorben sei und sie als letzten Wunsch bekundet hätte, dass sie in ihrem Geburtsort auf dem Territorium der DDR bestattet werden wolle. Die Familie las weiter: Da wir unsere Oma nicht nach Ostdeutschland überführen lassen können, haben wir sie eingeäschert und schicken sie Euch in den nächsten Tagen in einem Paket mit der Post, damit ihr sie bestatten könnt. Passt gut auf, wenn ihr das Paket bekommt, sie ist in der Verpackung der Kuchenbackmischung.

Sage 4, aufgezeichnet von Rolf Wilhelm Brednich (1990: 80–81):
Die Lachspastete
Die Frau eines norddeutschen Industriellen hat zum ersten Mal die Kollegen ihres Mannes zu Besuch. Natürlich gibt sich die Dame des Hauses alle erdenkliche Mühe, ein kaltes Buffet zu zubereiten. Das Buffet besteht nur aus den allerfeinsten Köstlichkeiten, mit Lachspastete als kulinarischem Höhepunkt. Aber, oh Schreck: kurz vor dem Eintreffen der ersten

---

dass Kurt Ranke das Motiv des „unabsichtlichen Kannibalismus" bis ins Mittelalter zurückverfolgen konnte.

Gäste erwischt man die Hauskatze, die ausgerechnet die Lachspastete frisst. Die Dame ist mit den Nerven am Ende und hat keine Zeit mehr, die Pastete durch ein anderes Gericht zu ersetzen. Sie streicht die Pastete glatt und schon stehen die ersten Gäste vor der Tür. Die Party wird zu einem überragenden Erfolg. Alle Gäste schwärmen von dem Buffet. Man begleitet die Gäste spät in der Nacht zum Gartentor und auf dem Weg zurück findet das Ehepaar die geliebte Katze vor der Haustür: tot! Beide haben nur einen Gedanken: die Lachspastete verdorben, die Gäste vergiftet! Die Frau drängt den Mann, alle Gäste mitten in der Nacht anzurufen und ihnen dringend zu raten, sich in der Klinik den Magen auspumpen zu lassen. Man kann sich vorstellen, wie groß der Ärger ist und wie sehr der Ruf der Familie leidet. Als schließlich alles überstanden ist, findet der Ehemann beim Schließen der Haustür einen Brief des Nachbarn im Briefkasten: Es tue ihm schrecklich leid, er sei spät abends nach Hause gekommen und habe in der Finsternis die Katze überfahren. Er habe sie vor die Haustür gelegt.

Zur zweiten Textgruppe dieser Sammlung tuwinischer Folklore gehören *Anrufungen* und *Segenssprüche*. Sie sind, wie alle Beispiele der poetischen Dichtung in Tuwa, durch die literarische Stilfigur der Alliteration gekennzeichnet. Dabei handelt es sich um den in Zentralasien und Südsibirien weit verbreiteten Anfangsreim, bei dem die Wörter am Versanfang den gleichen Anlaut haben, wodurch der erwünschte Reimklang zustande kommt.

In ihrer Funktion handelt es sich bei den Anrufungen und Segenssprüchen um Gebete, die im Verlauf von Ritualen und Festen rezitiert werden. Diese Rezitationen sind von dem Wunsch getragen, in einen positiven Kontakt mit allen nichtmenschlichen Subjekten zu treten, die die Geschicke der Menschen mitgestalten und zu denen der Mensch deshalb in einem permanenten Austausch steht. Zu diesen nichtmenschlichen Subjekten, deren Existenz und Wirken mit dem menschlichen Leben untrennbar und in gegenseitiger Bedingtheit verflochten sind, gehören vor allem die verschiedenen Kategorien von Geistern, einige wenige in Tuwa verbreitete Götter sowie nichtmenschliche Subjekte, wie zum Beispiel das Heimatland, die in Landschaftsmerkmalen verkörpert sind, die Heimatberge, bestimmte religiös bedeutsame Gipfel, Pässe, Täler, Bäume, Quellen und anderes mehr. Alle nichtmenschlichen Subjekte werden in Segenssprüchen und Anrufungen als Partner der Menschen direkt angesprochen und um ihren Segen und ihren positiven Einfluss auf die Geschicke der Menschen gebeten.

Segenssprüche und Anrufungen sind nicht ausschließlich feststehende poetische Formeln, die von Generation zu Generation weitergegeben werden. Beide Formen werden bis in die heutige Zeit immer wieder variiert oder neu geschaffen. Feste und Rituale sind für die zahlreichen bekannten und unbekannten Dichter der Gegenwart willkommene Anlässe, sich neue Gebete einfallen zu lassen und diese mündlich vorzutragen oder sie auf Stoff und Papier geschrieben, als religiös motivierten Schmuck, auf dem Ritual- oder Festplatz anzubringen. Ein gesprochenes Gebet wirkt dabei ebenso stark, wie ein vom Wind bewegtes Blatt, auf das eine Anrufung oder ein Segensspruch geschrieben wurde.

Die Erzähler

Neben den Texten, hält diese Publikation auch einige Informationen zu den Erzählern bereit. Die Erzähler wurden von mir nach ihrem Geschlecht getrennt nummeriert. Erfasst wurden in zwei Listen am Ende des Buches (Kapitel *Biographische Angaben zu den Erzählern*) Geschlecht, Alter (zum Zeitpunkt der Aufnahme des Textes), Ausbildung oder Beruf, Wohnort und Provinz. Den einzelnen Texten vorangestellt finden sich folgende Angaben: Datum und Ort der Aufzeichnung, Provinz und Thema. Insgesamt konnte ich von 24 weiblichen und 23 männliche Erzählern Informationen aufnehmen, davon fanden schließlich Texte von 20 Erzählerinnen und 15 Erzählern Eingang in diese Sammlung.

Betrachtet man die *Altersverteilung der Erzählerinnen*, so lässt sich feststellen, dass 3 Personen zum Zeitpunkt der Aufzeichnung Kinder waren (17 Jahre und weniger), 1 Person gehörte zur Gruppe der Jugendlichen (18–25 Jahre), 17 Personen waren Erwachsene (26–49 Jahre) und 3 Personen gehörten zu der Altersgruppe der Alten (50+). Die *Altersverteilung der männlichen Erzähler* zeigt, dass keine Kinder erzählten, 3 Jugendliche, 9 Erwachsene und 10 alte Personen zu den Erzählern gehörten. Ein Erzähler ist ohne Altersangabe verzeichnet. Insgesamt erzählten 3 Kinder, 4 Jugendliche, 26 Erwachsene und 13 Alte.

In Bezug auf das *Wohnumfeld* lässt sich festhalten, dass 11 Gesprächspartnerinnen zum Zeitpunkt der Aufzeichnung in der Stadt wohnten, 9 Erzählerinnen in einem Dorf und 4 Erzählerinnen Nomadinnen waren. Von den 23 männlichen Erzählern blieb 1 Person ohne Angabe des Wohnortes, 2 Erzähler lebten in der Stadt, 7 auf dem Dorf und 13 Erzähler lebten als Nomaden. Insgesamt hatte ich unter den Erzählern 13 Städter, 16 Personen im Dorf und 17 Personen, die als Nomaden in der Taiga lebten.

Die *Ausbildung beziehungsweise die Berufe* der Erzähler lassen sich folgendermaßen darstellen. Unter den Gesprächspartnerinnen hatten 9 Personen einen Hochschulabschluss, 4 Personen einen Berufsabschluss, 3 Personen besuchten die Schule, 5 Personen arbeiteten als Viehzüchterinnen. Von allen 24 Erzählerinnen waren 3 Personen Schamanin oder Heilerin. Eine weitere Person, Erzählerin 12, vereinte auf sich einen Beruf mit Hochschulabschluss, indem sie nicht mehr tätig war, und den Schamanenberuf. Unter den männlichen Erzählern gab es 4 Personen mit Hochschulabschluss, 1 Person mit Lehrberuf (Waldarbeiter), 15 Viehzüchter und Jäger (darunter 4 Rentner), 2 Schamanen und keine Schüler. Eine Person blieb ohne Angaben. Insgesamt hatten 13 Personen einen Hochschulabschluss, 5 Personen einen Berufsschulabschluss, 3 Personen besuchten die Schule, 6 Personen waren als Schamanen oder Heiler tätig, 20 Personen waren Viehzüchter.

Die Statistik zeigt, dass mit den 47 Erzählerinnen und Erzählern ein breiter Bevölkerungsquerschnitt erfasst wurde. Das Erzählen von zeitgenössischen Sagen prägt alle Altersgruppen und Bevölkerungsschichten Tuwas und ist kein Phänomen, das nur bestimmten Bevölkerungsgruppen zugeschrieben werden kann.

Für die folgenden Seiten wünsche ich viel Freude bei der Lektüre und beim Eintauchen in die Vorstellungswelt dieser fremden Kultur. Zum besseren Verständnis wurde am Ende des Buches ein *Glossar fremdsprachiger Begriffe* eingefügt, das einzelne in den Texten verwendete Begriffe erklärt. Auch finden sich in den Einleitungen der drei Kapitel Erläuterungen zu den wichtigsten Protagonisten der nachfolgenden Texte.

Как не верить,	*Wie sollten wir nicht glauben,*
мы же здесь живём,	*wir leben ja hier,*
здесь в горах.	*hier in den Bergen.*

Antwort von Erzähler 21 auf meine Frage, ob er die von ihm gerade erzählte Sage wirklich glaube.

Von wundertätigen Schamanen

Fünfzehn zeitgenössische Sagen führen in die Vorstellungen der Tuwiner über das Leben, die Funktion und die besonderen Fähigkeiten der tuwinischen Schamanen ein. Schamanen sind die menschlichen Vermittler zwischen Geisterwelt und Welt der Menschen. Sie werden von ihren Partnergeistern erwählt und – bei Androhung von Strafen – zur gewissenhaften Ausübung ihrer Berufung verpflichtet. Schamanen transportieren Botschaften zwischen Geister- und Menschenwelt, sie schlichten Konflikte, die durch unachtsames menschliches Verhalten entstehen, sie warnen vor den verspielten Eigenheiten der Schadensgeister und sie geben Ratschläge, wie Auseinandersetzungen mit Geistern vermieden werden können. Auf diese Weise treten sie als Wahrsager, Heiler und Ritualleiter auf.

SCHA 7 – Erzähler 3, aufgezeichnet am 3. 8. 2004 in der Provinz Süt Chöl
Erzählung seiner Großmutter über ihre Schamanen-Großmutter (1)

Шаанда кырган-авамны Алдыы-Ишкин чурттуг улус хооп алгаш барган. Ынчан олар Хүүректигниң Шиви бажынга чайлап чытканнар, кады оглу, кенни суг турган. Кажан хоошкундан келбээнде, кырган-авам өөнге кенниниң эзирик ачазы — кудазы — шаап келгеш, чалчыттынып аттыг болган-дыр. «Бо салбагар баштыг сарыг эшпи кайда барды, «хам-хум мен» деп алган» — деп, өгнү долгандыр кымчылап, алгырып-кышкырып шаг болган. Оон кадай чедип келгеш, өөнге безин кирбейн чыткаш, уругларындан айтырып-тыр. Арнының хорадааны аттыг: «Мээң багай өөмнү кым кымчылап турду, мени чок черимге кым чалчып турду, артында-ла «салбараңнаан сарыг эшпи» деп?» — деп айтырган. Уруглары корткаш, ыытташпааннар. Оон кырган-авам ыыт чок өөнче кире берген. Ийи хонганда, кудазы ашактың оолдары арага-дары тудуп алган келгеш, кадайга чаннып шаг болганнар. Ынчаарга кадай арагазын-даа ишпейн, безин көрүнмээн-даа. Элээн үр ыытавайн олуруп-олуруп: «Барыңар ыңай, анчыг хейлер силер!» — дээш, сывырыпкан. Эртенинде кудазы ашак боду чедип келгеш, база көгээржиктерде арага сунуп чугааланган: «Аа богда, кудам кадай, өршээп көргер, эзирээш, үеннеп турган-дыр мен. Өршээ-азыразында, иштим хеверээш, бергедеп тур мен» — деп чаннып шаг болган. Ынчалза-даа кырган-авам безин көрүнмээн-даа. Хорадаанындан, арны хуула берген олурган. Оон чадап кааш, ол ашак чана берген. Элээн каш хонганда, ол ашак ишти хеверип, чок апарган» — деп, кырган-авай меңээ төөгүп берди.

Einst wurde meine Schamanen-Großmutter von Leuten zu einem Besuch gebeten, die am Platz Aldyy-Iškin wohnten. Damals übersommerte sie an der Quelle des Chüürektig Šivi-Flusses. Mit ihr, als Hausherrin, wohnten dort ihr Sohn und ihre Schwiegertochter. Als die Schamanen-Großmutter einmal unterwegs war, kam zu ihrer Jurte der betrunkene Vater ihrer Schwiegertochter. Angekommen, begann der Schwiegervater zu randalieren und zu schimpfen: „Wo ist diese gelbe Frau mit dem struppigen Kopf? Ich bin selbst ein Schamane!" Er umkreiste die Jurte, schlug mit der Peitsche auf sie ein und grölte laut und unflätig. Als die Schamanen-Großmutter zurückgekehrt war, trat sie gar nicht erst in die Jurte ein, sondern fragte ihre Kinder sofort, was geschehen sei. Mit zornigem Gesicht schimpfte sie: „Wer hat auf meine arme Jurte mit der Peitsche eingeschlagen, als ich nicht da war? Wer hat hier randaliert und mich zuletzt auch noch ‚struppige gelbe Frau' genannt?", fragte sie. Ihre Kinder fürchteten sich und schwiegen. Darauf beruhigte sich meine Großmutter und sagte nichts weiter. Sie ging in die Jurte. Nach zwei Tagen und Nächten kamen die Kinder des alten Schwiegervaters und brachten der Hausherrin, meiner Schamanen-Großmutter, Milchschnaps. Doch sie nahm deren Milchschnaps nicht und trank nicht davon. Sie sah die Gäste nicht einmal an. Lange schwieg sie, saß und saß. Sie wollte nicht verzeihen. Dann sagte sie nur: „Ihr seid lästige Leute!" und jagte sie fort. Am Morgen kam der alte Schwiegervater selbst, er wollte ihr ein Ledergefäß mit Milchschnaps überreichen und mit ihr sprechen. „Oh, bei Gott, Frau, verzeiht mir. Als ich das getan habe, war ich doch betrunken. Verzeiht! Mein Bauch ist schon ganz aufgebläht", bat er. Doch meine Großmutter schaute ihn nicht an. Sie saß nur da mit zornigem Gesicht. Auch er schaffte es nicht, sie zu versöhnen, und ging wieder zurück. Nach einigen Tagen und Nächten starb der Alte an seinem geblähten Bauch. Das hat mir meine Großmutter, die Enkelin der Schamanen-Großmutter, erzählt.

SCHA 8 – Erzähler 3, aufgezeichnet am 2. 8. 2004 in der Provinz Süt Chöl
Erzählung seiner Großmutter über ihre Schamanen-Großmutter (7)

Бир-ле катап кырган-авам коданынче оор кирген-дир. Күжүр эр-даа чүү боор, кедеп келирге, ыт-даа ээрбес болган. Сагыш аннып, кажааны аяар артааш, кыдыында чыткан иртти-даа сегирип-ле алган. Оозу алгырбас-даа, магалыы кончуг; кажааны арта каггаш, эде тудуп алыр дээрге, холу адырылбайн барган. Канчаар-даа күштешкеш, чадап каан. Ынчаар ирттен туттунуп алгаш, ора хонган. Эртен кадай үнүп келгеш: «Мында чүнү канчап олур сен, оглум?» — деп айтырган. Демги кижиӊ чүү боор, чаннып-тейлеп, шынын чугаалаар ужурга таварышкан.

SCHA 10 – Erzähler 3, aufgezeichnet am 30. 7. 2004 in der Provinz Süt Chöl
Erzählung seiner Großmutter über ihre Schamanen-Großmutter (2)

Бир-ле катап акым коданынче кокайлар халдап эгелээн. Акым өг кидизиниӊ кадында боозун уштуп алыр дээш тыртыптарга, боозу чазылгаш, эктин ок өде халый берген. Аалга турган улус өшкү дүгү өрттеткеш, ханын бооп чадап каан. Ынчап турларда[6], бир кижи кырган-авамны хооп эккелген. Хам кырган-авам келгеш, хам кижи серге кежин алгаш, балыгныӊ үдүнүӊ дужун ойбайтыр кескеш, чыпшыр иткеш, дүкпүрүп тарбыдап каан. Оон дораан ханы доктаай берген. Балыг чоорту экирип турда, ол үттен бис өттүр кайгап турдувус.

---

6   *турларда* – persönliche Ausdrucksweise, Literatursprache: *турда.*

Einmal kam auf den Jurtenplatz meiner Schamanen-Großmutter ein Dieb. Als der Mann das erste Gatter zerbrach und öffnete, bellte der Hund nicht. Als er vorsichtig das zweite Gatter überstieg, hatte sich direkt an die Umzäunung ein kastrierter Schafbock gelegt. Diesen packte er. Der Schafbock schrie nicht. „Hervorragend!", dachte der Dieb. Er packte den kastrierten Schafbock und hob ihn über das Gatter. Da konnte er plötzlich seine Hand nicht mehr frei machen. So sehr er es auch versuchte, seine Hände gehorchten ihm nicht mehr. Er hielt den Schafbock gepackt und musste so übernachten. Am Morgen kam die Schamanen-Großmutter aus der Jurte heraus, sprach ihn an und fragte: „Was tust du hier? Wieso sitzt du hier, mein Sohn? Dein innerer Mensch bittet, dass er nach Hause gehen kann? Sag die Wahrheit! Was hattest Du vor?"

Einmal kamen zum Jurtenplatz meines Bruders Wölfe und waren in Begriff, Vieh zu reißen. Mein Bruder wollte das Gewehr nehmen, das zwischen Scherengitter und Filzabdeckung der Jurte steckte. Er zog kräftig daran, um es herauszuziehen. Da löste sich aus seinem Gewehr ein Schuss und ging in seine Schulter. Die Leute, die sofort herbeieilten, brannten auf der Wunde Ziegenfell ab, um sein Blut zu stillen. Doch das Blut strömte weiter. Was sie auch taten, sie hatten keinen Erfolg. Da machte sich jemand auf den Weg, um die Schamanen-Großmutter um einen Besuch zu bitten. Die Schamanen-Großmutter willigte ein und kam. Sie nahm die Haut eines kastrierten Ziegenbockes und schnitt ein wundgroßes Loch hinein. Nachdem sie es auf die Wunde gelegt hatte, spuckte sie darauf und beschwor die Wunde. Darauf hörte das Blut sofort auf zu fließen. Als die Wunde allmählich heilte, konnten wir durch die Wunde hindurch sehen.

SCHA 11 – Erzähler 3, aufgezeichnet am 1. 8. 2004 in der Provinz Süt Chöl
Erzählung seiner Großmutter über ihre Schamanen-Großmutter (5)

Хам кырган-авамның ийи ээрени бар, бирээзи адыг-ээрен, оозу ѳѳнге турда, удуур орунунуң бажынга азып каан турар чораан. Бирээзиниң адын уттуптум, оозу бут адаанга турар чораан. Бичии тургаш, кырган-авам-биле кады удуур мен. Дүне дыңнап чыдарыңга, орун бажында адыг-ээрен «тѳш-тѳш» деп дааш үндүрүп турар чораан. Оруннуң бут адаанда ээрен үргүлчү-ле «чап-чап» деп амданнанып-ла тура хонар чораан ийин, оглум.

    Бир катап кырган-авам чокта, баарым аараан. Ѳгге чыткан бѳртту алгаш, баарым дужунга салып алгаш, ойталап чыдып алгаш, удуп калган мен. Дүжүмде мени бир дыка чолдак кара ашак чавыдактап алгаш олуруп берген. Дүжүр октап чадап каан мен. Эртенинде кырган-авам чедип келирге, чугаалаарымга: «Ыы, ол бѳртту чоп салып алган сен, уруум, дүжүңде ол бѳртту кѳргениң ол-дур».

Meine Schamanen-Großmutter hatte zwei Hilfsgeister. Einer war ein Bärenhilfsgeist. Wenn die Schamanen-Großmutter zu Hause in ihrer Jurte war, hing sie ihn an das Kopfende ihres Bettes. Den Namen des anderen habe ich vergessen, sie hing ihn an das Fußende ihres Bettes. Als ich noch klein war, liebte ich es, mit der Großmutter zusammen in ihrem Bett zu schlafen. Nachts beim Schlafen hörte ich am Kopfende den Bärenhilfsgeist tösch-tösch brummen. Der Hilfsgeist am Fußende des Bettes schmatzte anhaltend tschap-tschap.

Einmal, als meine Großmutter nicht da war, erkrankte ich an der Leber. Ich nahm ihre Schamanenkappe, die sie in der Jurte gelassen hatte, und legte sie auf die schmerzende Stelle. Dann lehnte ich mich zurück und schlief ein. Im Traum saß auf mir rittlings ein sehr kleiner schwarzer Alter. Ich versuchte, ihn abzuwerfen, aber es gelang mir nicht. Als am Morgen meine Großmutter kam, erzählte ich ihr davon. „Oh, mein Kind, du hast den Mützenjungen, meinen Mützenhilfsgeist, genommen und dir auf die Leber gelegt. In deinem Traum hast du den Mützenjungen gesehen", erklärte sie mir.

SCHA 12 – Erzähler 3, aufgezeichnet am 29. 7. 2004 in der
Provinz Süt Chöl
Erzählung seiner Großmutter über ihre Schamanen-Großmutter (4)

Бир-ле катап хам-кадай кырган-авам Үрже чанып
бар чыткаш, арт кырынга аъттан дүшкеш, ыя ынаар
кылаштааш, чиигеп алган. Ооң соондан Үр ажып
чыткан оолдар база ол артка дүшкеш, дыштанганнар-
дыр. Бирээзи тенек оол тургаш: «Терең сигенге кырган
кижиниң изи көскү болбас чүве бе моң» — деп
чугаалаан-дыр. «Оо, эрлер, кырган-ававыс борта чарлып
олурган-дыр, көрүңерем» — деп хөөреп турган. Оон
орук ара демги аалга кирерге, хам-кадай шай куткаш,
демги оолдарга сунгулаан-дыр. Демги оолга аякта
шайны сунуп чыда, айтырган-дыр: «Кырган-аваң кая
чарлып олурган-дыр, оглум?» Демги эрде чүү боор,
дылы агарып калган.

SCHA 3 – Erzählerin 6, aufgezeichnet am 20. 7. 2004 in Kyzyl
Sage über eine „echte" Schamanin.

Хандагайтыга бир хам кадай чурттап турган. Ол кадай
улуг хам турган. Кадайдан улус коргар турган. Кадай
хөй уруглуг турган. Бир оглу школа директору турган.
Чажырар кадай хам салымын кымга-даа дамчыдып
бербээн. Школа директору оглу үш кыстыг турган.
Ооң соонда ол үш уруглар аарып, албыстап турган.
Мен көрген мен. Улуг уруу багай угаанныг. Ортун
уруу өгленип алган, эмчи институдун доозуп алгаш,
уруглар эмчизи болуп ажылдап тургаш, база аарый
берген. Бичии уруу он чеди харлыында албыстай берген.
Улус кырган-авазын буруулуг деп чугаалажып турган.
Уругларын ужуктап кагбаан.

Einmal kehrte die Schamanenfrau, meine Großmutter, zum Ür-Fluss nach Hause zurück. Auf dem Pass stieg sie vom Pferd und ging etwas zur Seite, um Wasser zu lassen. Nach ihr hielten auch einige junge Männer auf dem Pass an, die ihr zum Ür-Fluss über den Pass gefolgt waren. Auch sie ruhten sich dort aus. Einer von ihnen war ein dummer junger Mensch. Er spottete: „Warum ist in dem kurzen Gras hier nicht zu sehen, wo die Alte hingepinkelt hat? Oh, Männer, unsere Großmutter hat hier gesessen und die Beine gespreizt, seht es euch an!" Er lachte schallend. Als sie auf ihrem weiteren Weg in das Jurtenlager der Großmutter kamen, kehrten sie ein. Die Schamanenfrau schenkte Tee aus und reichte ihn den jungen Männern. Dem gewissen jungen Mann aber überreichte sie die Teeschale mit folgender Frage: „Wo genau hat deine Großmutter gesessen und die Beine gespreizt, mein Sohn?" Dem Mann blieb vor Verblüffung und Scham der Mund offen stehen. Er konnte nichts erwidern.

In Chandagajty lebte einst eine Schamanin. Sie war eine mächtige Schamanin und wurde im Volk sehr gefürchtet. Die Schamanin hatte sehr viele Kinder. Ihr jüngster Sohn wurde Direktor einer Schule. Ihre Schamanengabe wollte sie in sowjetischer Zeit nicht weitergeben. Ihr Sohn, der Schuldirektor, hatte drei Töchter. Schließlich sind alle drei Töchter schwer erkrankt, sie hatten die Schamanenkrankheit. Ich habe es selbst gesehen. Seine älteste Tochter traf ein schlechtes Geschick. Seine mittlere Tochter lernte zunächst einen Beruf, dann schloss sie eine medizinische Ausbildung ab und schließlich arbeitete sie als Kinderärztin. Auch sie wurde krank. Seine jüngste Tochter bekam die Schamanenkrankheit bereits, als sie 7 Jahre alt war.

Die Leute sagen, die Großmutter sei schuld, weil sie ihren Kindern die Gabe nicht weitergegeben und sie nicht zu Schamanen ausgebildet hatte.

SCHA 13 – Erzähler 3, aufgezeichnet am 3. 8. 2004 in der Provinz Süt Chöl
Erzählung seiner Großmutter über ihre Schamanen-Großmutter (3)

Бир-ле катап мен аарый берген мен. Ынчан кыжын чүве. Кежээ удур хам кадайже бо ашакты бадырыпкан мен. Хам кадайның аалы Ишкин куду чыткан чүве.

Ынчан аьт чок, чадаг кижи имиртиңнедир четкен мен. Кырган-авам баштай ынавайн шаг болган. «Караңгы чүве шээй[7] оглум, кокайлар бар чүве диведиве» деп. Мен тургаш: «Олардан чоп коргар сен, сээң ол көрүп турар чүвелериң оон коргунчуг эвес чүве бе?» — «Оларда коргунчуг чүү боор, оглум»-деп, бо-ла-дыр. Ынчап тургаш, пат боорунда эдертип алгаш, чоктаптым. Оон бо Дыттыг-Ой аксының кежиинге келиривиске, кадай дээрге дош кырынче өрү көргеш, чугаалады-ла: «Көрем, доо ол дош кырында аьт чини чыдыр» — деп, бо-ла-дыр. «Чүнү ынчап турар кижи боор?» деп мен элдепсинип, дош өрү көөрүмге, чүү-даа чок. «Кайда чүве-дир?» — дээримге, «караңг көрбес апарган оол сен бе? Дөө чыдыр шээй, таптыг көр даан» — деп, артында чыдыыргап турар де. Мен канчаар-даа көрзүнеримге, чүү-даа чок болган. Оон аалга келгенивисте, дүн ортузунда бир кижи-ле кирип келди, чугааланза-ла дем бо бир оол. «Аа богда, угбай, Ишкин бажы чоктап чыттым, куду аъдым хараалчаже дүшкеш, өлүп калды шээй» — деп бо-ла-дыр. Ынчаар хам-кадай кырган-авам ол аъттың хараалчага дүжүп өлүрүн баш удур көрүп каапкан-дыр ийин.

---

7   Literatursprache: *ышкажыл*.

Einmal bin ich krank geworden. Das war im Winter. Am Abend zur Schlafenszeit schickte ich deshalb meinen Mann zur Schamanen-Frau. Das Weidelager der Schamanen-Frau lag am Unterlauf des Iškin. Damals hatten wir keine Pferde, deshalb ging er in der Dämmerung zu Fuß. Mein Mann erzählte danach: Meine Schamanen-Großmutter war zunächst nicht einverstanden, zu kommen. Sie sagte: „Es ist schon dunkel, mein Sohn. Man sagt doch, dass Wölfe umgehen." Mein Mann erwiderte: „Ich bin doch gekommen, um dich abzuholen. Vor den Wölfen brauchst du dich nicht zu fürchten. Sind deine Erscheinungen, die du siehst, nicht mehr zum Fürchten?" Sie antwortete: „Was gibt es bei ihnen zu fürchten, mein Junge?" Schließlich überredete er sie. Mein Mann nahm die Schamanin mit und beide gingen zu Fuß zu uns nach Hause. Als sie an der Mündung des Flusses Dyttyg-Oj ankamen, sah die Frau auf dem Eis aufwärts und abwärts und sprach zu ihm: „Auf dem Eis dort liegen Pferdeäpfel." Er wunderte sich und dachte: ‚Was macht nur diese Frau, ich verstehe es nicht.' Er sah sich um und dachte: ‚Ich kann nichts finden, obwohl ich das Eis flussaufwärts und flussabwärts abgesucht habe.' Deshalb fragte er sie: „Wo sollen die Perdeäpfel sein?" „Siehst du dort das Schwarze nicht, Junge? Dort liegen sie doch. Sieh genau hin." Dann tat sie so, als ob sie danach schnuppere. Darauf schaute er nochmals genau in die gewiesene Richtung, aber es gab nichts zu sehen. Nachdem beide am Weidelager angekommen waren, traf um Mitternacht ein weiterer Gast ein und erzählte uns Folgendes: „Oh bei Gott, ältere Schwester, an der Quelle des Iškin bin ich irgendwie gestürzt. Ich bin an einer Stelle mit dünnem Eis eingebrochen und mein Dunkler, mein Pferd, ist gestorben." So stellte sich heraus, dass die Schamanenfrau, meine Großmutter, das Einbrechen des Pferdes und dessen Tod vorhergesehen hatte.

SCHA 9 – Erzählerin 6, aufgezeichnet am 23. 7. 2004 in Kyzyl
Erzählung über den Schamanen-Großvater

Мээҥ бир кырган-ачам болур Шагар-Хам деп улуг
хам ашак турган. Ол болза Өвүр Торгалыгныҥ улуг
хамнарыныҥ бирээзи турган. Ол хам чеден чылдарныҥ
эгезинде өлүп калган. Ол ашакты «хам сен» дээш
даргалар үргүлчү кончуур турган. Ол кырган-ачам
бодунуҥ хамнаарын чажырар турган. Бир катап
милиция начальниги кара-бажыҥга суп каан. Ол ашак
милиция начальнигинге: «Мени үндүрүвүт, оглум, бо
кара-бажыҥга олуруп шыдавас-тыр мен» — дээрге-
даа, начальник тоовайн, хондур суп каан. Ол ашак
хорадай бергеш, мынча дээн: «Мен сеҥээ көргүзүп бээр
мен. Кончуг чыланнарым чорудуптар мен». Милиция
начальниги каттырып каан. Дүне ол начальник удуп
чыткаш, холун сыртык адаанче суптарга, бир чүве бар
болган. Ол чүве шимчеп турар болган. Туруп келгеш,
көрүптерге, чылан чыткан. Оон корткаш, дораан
милицияга чеде бергеш, ол Шагар-Хамны үндүрүпкен.
Хандагайтыда чылан деп чүве ховар, барык чок деп
болур. Ол чыланныҥ сыртык адаанга чытканы шуут
элдеп. Улус ол чыланны Шагар-Хамныҥ чоруткан
чыланы деп чугаалажып турган. Мону меҥээ авам
чугаалап турган.

Ich hatte einen Großvater. Er war nicht mein leiblicher Großvater, sondern ein Verwandter. Der Alte war ein berühmter Schamane. Man nannte ihn den Šagar-Schamanen. Er war einer der mächtigsten Schamanen des Övür-Gebietes. Mit 70 Jahren ist er gestorben. Die Kommunisten zeigten mit dem Finger auf ihn und beschimpften ihn immer wieder mit den Worten: „Du Schamane!" Der Großvater selbst sprach nicht gern darüber, dass er schamanierte.

Einmal warf ihn der Polizeivorsteher ins Gefängnis. Da sagte der Alte zu ihm: „Lass mich frei, mein Sohn. Ich kann nicht im Gefängnis sitzen. Ich halte das nicht aus." Doch der Vorsteher beachtete ihn nicht, und der Šagar-Schamane blieb im Gefängnis. Da wurde der Alte ärgerlich und sagte: „Dir werd' ich's zeigen. Ich werde meine schreckliche Schlange schicken." Der Polizeivorsteher lachte nur darüber.

Nachts, als der Vorsteher schlief, steckte er seine Hand unter das Kopfkissen und ertastete dort etwas. Dieses Etwas bewegte sich. Er wachte auf und sah nach. Es war eine Schlange. Der Polizeivorsteher erschrak so sehr, dass er sofort zur Polizeistation lief, um den Šagar-Schamanen freizulassen. In Chandagajty, wo diese Sache vorgefallen ist, sind Schlangen sehr selten. Es gibt sie eigentlich nicht, sagen die Leute. Deshalb war das Auftauchen der Schlange unter dem Kopfkissen ein sicheres Zeichen. Die Leute unterhielten sich noch lange über die Schlange des Šagar-Schamanen. Mir hat die Geschichte meine Mutter erzählt.

SCHA 14 – Erzählerin 6, aufgezeichnet am 23. 7. 2004 in Kyzyl
Erzählung über den Schamanen-Großvater

Ол-ла Шагар-хам кырган-ачамның дугайында өске
төөгүнү кырган-авамдан дыңнаан мен. Кырган-авам
үргүлчү дүш көөр кижи. Бир катап кырган-авам каш
инээн чидирип алган. Чеже-даа хонук дилээш, тыппаан.
Бир удуп чыткаш, мындыг дүш көрген. Хараганнар
аразынга сидиктеп (чиигенип) олурда, чанынга улуг
куш хонупкан. Ол куш хонупкан. Ол кушту көөрге,
арны Шагар-хамның арны ышкаш, думчуу куш думчуу
ышкаш ыргак, чалгыннары эзир (орёл) чалгыннары дег,
дендии улуг куш болган. Хенертен ол куш чугааланы
берген: «Сен инектериң чидирип алдың бе? Сээң
инектериң дуу ында оъттап чорлар. Эртен баргаш, сүрүп
ал.» Кырган-авам хорадай бергеш: «Бо кандаай ашак
сен? Мени чүге коргудуп тур сен, ыңай чор!» — дээн.
Оон кырган-авам оттуп келген. Эртенинде ол айтып
берген черинге чеде бээрге, инектери шынап-ла оъттап
чораан. Ынчаар кырган-авам инектерин тып алган.

Über diesen Šagar-Schamanen-Großvater habe ich von meiner Großmutter noch eine andere Geschichte gehört. Meine Großmutter hat die Fähigkeit, im Traum zu „sehen". Eines Tages hatte meine Großmutter einige Kühe verloren. Viele Tage und Nächte suchte sie nach ihnen und fand sie nicht. Einmal, als sie schlief, hatte sie einen Traum. Als sie pinkelnd zwischen den Karaganasträuchern saß, übernachtete dort in der Nähe ein großer Vogel. Als sie ihn entdeckt hatte und aufmerksam betrachtete, sah sie, dass sein Kopf dem Gesicht des Šagar-Schamanen glich. Auch der Schnabel des Vogels war von gleicher Größe wie die Nase ihres verstorbenen Mannes. Seine Flügel aber waren wie die des Ėzir-Vogels (Adlers). Insgesamt erschien ihr der Vogel für seine Art zu groß. Plötzlich begann der Adler zu sprechen: „Du hast deine Kühe verloren? Deine Kühe grasen dort", und wies in eine Richtung. „Geh am Morgen dorthin und nimm sie dir!" Meine Großmutter erinnerte sich an ihren Mann: „Was bist du für ein Alter? Warum erschreckst du mich? Geh fort!", schimpfte sie mit ihm. Danach wachte meine Großmutter auf. Am Morgen sah sie an der angegebenen Stelle nach. Und als sie den bezeichneten Platz erreichte, grasten dort wirklich ihre Kühe. Meine Großmutter hat genau dort, wohin sie der Adler gewiesen hatte, ihre Kühe wiedergefunden.

SCHA 5 – Erzählerin 6, aufgezeichnet am 21. 7. 2004 in Kyzyl
Darüber, wie eine Freundin Schamanin wurde.

Москвадан бир Вера деп аттыг херээжен кижи база
хамнап эгелээн. Вера боду меңээ чугаалап берген.
Москвага тургаш, Тываже дыка келиксээр турган.
Оон аарып эгелээш, Тывага чедип келген. Хамнар-
биле чугаалажып, сонуургап, өөренип эгелээн. Улуг-
Хемге чеде бергеш, бир улуг хамга ужурашкаш,
чугаалажырга, ол хам мынча дээн: «Мен сени дыка үр
манап турдум, чүге дизе сен мээң салгакчым-дыр сен.
Мээң өөреникчим болур сен. Мен сеңээ дүңгүрүм база
өске хереселдерим шуптузун дамчыдып бээр мен.
Сен ам хамнап эгелеп болур сен.» Ооң мурнунда Вера
Америкага индейлер аразынга чурттап турган. Ооң
соонда Тываже чедип келген. Вера Москвада база хамнап
турар. Чайын үргүлчү Тывага турар.

NL 4 – Erzähler 4, aufgezeichnet am 26. 7. 2004 in der Provinz Süt Chöl
Über einen Streit zwischen einem Jäger und einer Schamanin

Жили-были шаманка и молодой охотник, которые
находились в очень большой ссоре. Они угрожали
друг другу. Когда однажды охотник в очередной
раз отправился на охоту, он увидел в лесу косулю, у
которой на спине был барабан. Охотник испугался и
приготовился выстрелить. Выстрелив, он задел косулю,
но не смертельно. Косуля сумела убежать. Только
тогда он заметил, что шерсть ее была желтого цвета.
Незадолго после этого шаманка заболела и умерла.
Если бы он не выстрелил, она бы не умерла. Охотник
выстрелил в шаманку, которая приняла облик косули и
следовала за ним по тайге.
(Перевод с немецкого С. П.)

Eine Bekannte aus Moskau, die Vera heißt, hat sich vor einiger Zeit als Schamanin selbstständig gemacht. Vera hat es mir selbst erzählt. Als sie in Moskau lebte, wollte sie unbedingt nach Tuwa reisen. Aber erst nach einer schweren Erkrankung, fuhr sie endlich dorthin. In Tuwa unterhielt sie sich einmal mit einem Schamanen und begann, sich für ihn zu interessieren und von ihm zu lernen. Sie begegnete ihm auf ihrer Reise in die Provinz Ulug-Chem. Er war ein weithin berühmter Schamane und sie sprach oft mit ihm. Eines Tages sagte der Schamane zu ihr: „Ich habe sehr lange auf dich gewartet. Denn du bist mein Vermächtnis. Du wirst meine Schülerin werden. Ich übergebe dir meine Trommel und all die anderen notwendigen Utensilien. Du wirst nun schamanieren!"

Vor diesem Ereignis lebte Vera in Amerika unter Indianern. Jetzt ist sie nach Tuwa gekommen. Vera schamaniert heute auch in Moskau. Im Sommer ist sie regelmäßig in Tuwa.

Über einen Streit zwischen einem Jäger und einer Schamanin: Einst lebten eine Schamanin und ein junger Jäger, die sich heftig gestritten hatten. In ihrem Streit hatten sich beide gegenseitig bedroht. Als der Jäger eines Tages wieder auf die Jagd ging, sah er im Wald ein Reh, das eine Trommel auf dem Rücken trug. Der Jäger fürchtete sich und legte sein Gewehr an. Er schoss, aber er traf das Reh nicht tödlich. Das Reh lief davon. Da erst sah er, dass es gelbliches Fell hatte. In der darauffolgenden Zeit erkrankte die Schamanin und starb. Der Jäger hatte auf die Schamanin geschossen, die sich in ein Reh verwandelt hatte und ihm in die Taiga gefolgt war. Hätte er nicht geschossen, so wäre sie nicht gestorben.

SCHA 4 – Erzählerin 21, aufgezeichnet am 10. 8. 2004 in Kyzyl
Über die Schamanenkrankheit

Мээӊ ындыг чаавам турган, адын болза Дембирел
Нина дээр. Ол 46 харлыг турган. 1999 чылда ол чаавам
акым-биле, Дембирел Олег дээр адын, күзүн куда
болган соонда, бажыӊынче эртенгиниӊ 4 шак үезинде
бар чытканнар. Ол болуушкун Тээли суурга болган.
Орукка кел чыткаш, хенертен чаавам акымныӊ холундан
туттунупкаш, олурупкан. «Чүү болган?» — дээрге, ол
мынча деп харыылаан: «Дуу өлген улустар халып тур,
машиналарда олурупкан халып чорлар, ыттар халып,
ээрип тур» — деп харыылаан. Бичии олурупкаш, «ам
туруп болур» дээш, акымны тургузупкан. Акым чүнү-
даа көрбээн, дыӊнаваан. Ол болуушкун соонда үр
болбаанда, чаавам чок болган. Бо болган болуушкунну
меӊээ кырган акый чугаалаан. Ол кырган акый база
шагда-ла чок апарган.

Die Frau meines älteren Bruders hieß Dembirel Nina. Sie ist nur 46 Jahre alt geworden. Im Jahr 1999 hatte sie meinen älteren Bruder geheiratet. Danach sind einmal beide, mein Bruder und sie, am Morgen gegen 4.00 Uhr aus dem Haus gegangen. Was ich jetzt erzähle, geschah im Dorf Tëëli. Als beide den Weg entlangliefen, ergriff meine Schwägerin plötzlich die Hand meines Bruders und setzte sich auf die Erde. Mein Bruder fragte sie: „Was ist los?" Darauf antwortete sie: „Siehst du nicht? Dort gehen die Toten. Die Hunde bellen sie an! Lass uns ein wenig hier sitzen und abwarten." Sie hielt meinen Bruder zurück. Mein Bruder konnte überhaupt nichts sehen. Er hörte auch nichts. Nur kurze Zeit nach diesem Vorfall ist meine Schwägerin gestorben. Mir hat diese Begebenheit mein älterer Bruder erzählt. Auch er ist nach einiger Zeit gestorben[8].

---

8   Im anschließenden Gespräch erklärte die Erzählerin die Geschichte folgendermaßen: Am 49. Tag nach dem Tode von Nina lud man, wie üblich, eine Schamanin ein. Diese stellte eine Verbindung zu der Toten her und sagte danach, dass Nina an der Schamanenkrankheit gelitten hätte. Da sie dem Ruf der Geister aber nicht gefolgt war und sich nicht hatte zur Schamanin ausbilden lassen, musste sie sterben. Dieser Umstand soll erklären, warum sie in der Lage war, die wandelnden Seelen der Verstorbenen zu sehen.

BE 2 – Erzählerin 11, aufgezeichnet am 6. 8. 2004 in Kyzyl
Sage über ihre Urgroßmutter

Die Erzählerin sieht sich als Russin und spricht kein Tuwinisch. Ihre Vorfahren stammen aus Chakassien, Burjatien und Tuwa. Außerdem ist sie Christin. Auch ihre Urgroßmutter war Christin, dazu Hexe (ved'ma). Sie beschäftigte sich mit der Wahrsagerei und auch mit Heilung. Besonders gern wurde sie aufgesucht, um Liebeszauber durchzuführen, das heißt um einen an Liebe erkrankten Menschen von dieser zu befreien oder um einen Menschen verliebt zu machen. Es handelt sich um die Geschichte über eine Hexe oder Zauberin, die bei den Russen eine ähnliche Funktion erfüllt, wie unter den Tuwinern die Schamanen:

Прабабушка обладала силой взгляда. По улице раздаётся крик: Аннушка! (это имя прабабушки). Прабабушка (ещё молодая) подходит к пьяному мужику, который перед этим бьёт жену, размахивает топором. Прабабушка подходит к нему и становится под топор, глядя упрямо в глаза. Потом поднимает руку и лёгко бьёт ладошкой ему в лоб. Мужик падает, как подкошенный. Прабабушка берёт его, закидивает на плечо и бросает в кровать. Говорит подруге (жене хулигана): «Разувай его!» и уходит. Вот такая сила у неё была.

Meine Urgroßmutter hatte Kraft im Blick. Einmal erschallte auf der Straße ein Schrei: Annuschka! Das ist der Vorname der Urgroßmutter gewesen. Die Urgroßmutter, damals noch jung, kam aus ihrem Haus heraus und ging ohne Umschweife auf einen betrunkenen Mann zu, der direkt vor dem Haus seine Frau schlug und dazu noch mit seiner Axt ausholte. Die Urgroßmutter ging auf ihn zu und stellte sich unter die Axt. Sie sah ihm geradewegs in die Augen. Dann hob sie die Hand und schlug leicht mit der Handfläche gegen seine Stirn. Der Mann fiel hin wie niedergehauen. Die Urgroßmutter packte ihn, nahm ihn auf die Schulter und warf ihn im Haus auf das Bett. Sie sagte zu ihrer Freundin, der Frau des Rüpels: „Zieh ihm die Schuhe aus!" und ging. Seht, so eine Kraft hatte sie.

NL 10 – Erzähler 3, aufgezeichnet am 27. 7. 2004 in der Provinz Süt Chöl
Über eine Schamanin

В местечке «Хүүректиг» в тувинской провинции Сүт-Хөл жила-была сильная шаманка. Детей у нее не было. Поэтому она принимала чужих детей, как своих. Когда однажды к ней пришел молодой мужчина, она обратилась к нему: «Добрый человек, высуши мой барабан, волк раздирает моих овец и коз.» Он высушил ее барабан, и она начала колдовать. Закончив, она сказала: «Сходи туда, где пасется мое стадо и посмотри!» Он пошел к стаду и увидел большого серого волка, который словно окаменел, его пасть была разинута, и он не мог ее закрыть. Он так и простоял там. Молодой человек привел стадо к шаманке к юртам. Она сказала ему: «Волк умирает от голода». Настолько сильной была шаманка. Этот случай произошел после революции, где-то в 1950 году. Этот молодой человек уже давно состарился и умер. Все это правда, а не легенда. Однажды кто-то захотел украсть у шаманки одну овцу. Вор дотронулся до овцы и замер. Так он простоял всю ночь. Наутро вышла шаманка из юрты и спросила его: «Что ты там делаешь, сынок?» и расколдовала его. Этот молодой человек больше никогда не воровал у шаманки, но, может быть, и у других тувинцев. Шаманку звали Хам-Кадай. После ее смерти все шаманские принадлежности достались по наследству родственнику. В 60-х годах русские ученые забрали эти вещи в музей: либо в Москву, либо в Кызыл. После этого родственник умер. Нельзя было забирать эти вещи. Они защищали родственников шаманки. Возможно, шаманка стала духом-хозяином, этого никто не знает.
(Перевод с немецкого С. П.)

In der Provinz Süt Chöl, auf dem Lagerplatz Chüürektig, lebte einst eine starke Schamanin. Sie hatte selbst keine Kinder.
Deshalb nahm sie die Kinder anderer Leute als ihre eigenen
an. Als eines Tages ein junger Mann zu ihr kam, sprach sie:
„Lieber junger Mann, trockne meine Trommel, ein Wolf reißt
Schafe und Ziegen bei mir." Er trocknete die Trommel, und
sie fing an zu schamanieren. Als sie fertig war, sagte sie: „Geh
dorthin, wo meine Herde steht, und sieh nach!" Er ging zur
Herde und sah einen großen grauen Wolf, der völlig erstarrt
war und mit aufgesperrtem Maul dastand. Der junge Mann
nahm die Herde mit zur Schamanin ins Jurtenlager. Die Schamanin erklärte ihm: „Eben stirbt der Wolf den Hungertod."
So mächtig war die Schamanin. Dieses Ereignis war nach
der Revolution, um 1950, geschehen. Der junge Mann ist inzwischen alt geworden und gestorben. Das ist die Wahrheit,
keine Legende. Später wollte erneut jemand der Schamanin
ein Schaf stehlen. Der Dieb ergriff das Schaf und blieb plötzlich wie erstarrt stehen. Die ganze Nacht musste er so bleiben. Erst am Morgen kam die Schamanin aus der Jurte und
fragte ihn: „Was machst du da, Söhnchen?" und machte ihn
frei. Dieser junge Mann hat bei der Schamanin nie wieder gestohlen. Vielleicht aber bei anderen Tuwinern. Die Schamanin
hieß Cham kadaj – Schamanenfrau. Nachdem sie gestorben
war, blieben ihre Schamanenutensilien bei einem Verwandten. In den 60er Jahren nahmen russische Wissenschaftler die
Sachen mit ins Museum, vielleicht nach Moskau oder Kyzyl.
Darauf starb der Verwandte. Man hätte ihm die Sachen nicht
wegnehmen dürfen. Die Utensilien der Schamanin haben die
Verwandten beschützt. Vielleicht ist die Schamanin aber auch
ein Herrengeist geworden, niemand weiß es.

SCHA 6 – Erzähler 3, aufgezeichnet am 1. 8. 2004 in der Provinz Süt Chöl
Erzählung über einen Lama und einen Schamanen (6)

Дөңгеликтигниң аксынга шаанда Чадаанның Үстүү-Хүрээзи баштай аңаа турган. Бир катап ол хүрээниң улуг ламазы — биле Үстүү-Ишкин куду чурттуг хам-кадай чижи берген-дир. Алгыжыпкан улус дийин. Чижир мурнунда ол лама хам-кадайның чүвүрүнүң дүвүнден удазын ушта соп алгаш, чижирде номчуур номунуң иштинге суп алган. Эгелээр хүнүнде-даа чүү боор, лама-даа ол номун куш даң бажында номчааш олурупкан. А демги хам база-ла куш даң бажында туруп алгаш, хойтпак хайындырып эгелээн. Чеди пашты хайындырып чорааш: «Дээпти, аа халак-халак!» — дээш, хам-кадай чылапча суу саарып турган хымыжын октапкаш, час ойта кээп дүшкеш, олчаан чок болган. Ол кадайның ламаны ажып чадап каан чылдагааны — ламаның ол номнуң иштинче сукканы демги кадайның чүвүрүнүң дүвүнден ап алган хендиринде болган. Оон кежээ инек саар өйде-ле кудууртан дүңгүр-даа эдип чоктаплаттар. Дүңгүр ыыдының соондан кара кускун-даа алгырып-алгырып чоктаплаттар. Кежээки инек саап турган кадайлар дыка коргарлар. Ол үеде демги лама база номун номчааш олуруптар. Оон бичии болганда, кежээки дээрге «халак-халак» деп кускун дедир ужуп бадыплаттар, ооң соондан шаң-кеңгирге даажы, ламаның номнаан даажы сывырып алгаш бадыптар турган. Ол хам-кадайның сүнезини хелиң лама кырып өлгүже чедир халып келген. Кажан лама мөчүй бергенде, мөчүзүн чевегже үндүрүп турда, сүнезинин алыр дээш сөөлгү катап келгеш, база чадап каан. Хелиңни орнукшудуп турган улус дыңнаарга, ламаның

An der Mündung des Flusses Döŋgelektig, in der Nähe von Čadaana gab es früher ein buddhistisches Kloster. Man nannte es Üstüü Chüree (Oberes Kloster). Einmal traf sich der mächtige Lama des Klosters mit der Schamanenfrau vom Oberlauf des Iškin, die dort am unteren Lagerplatz wohnte. Beide maßen ihre Kräfte. Dabei zerstritten sie sich. Bevor sie sich trafen, um miteinander zu kämpfen, hatte der Lama der Schamanin Stoffbänder von der Hose gestohlen und während des Kampfes in seine Sutras gelegt[9], die er tagtäglich las.

Als nun der Tag anbrach, setzte sich der Lama und begann, früh am Morgen seine Sutras zu lesen. Auch die Schamanin begann zeitig am Morgen araka aus chojtpak zu destillieren[10]. Als sie sieben Kessel destilliert hatte, schrie sie plötzlich auf: „Oh weh! Oh weh!" Sie schöpfte das Wasser aus dem oberen Kessel der Destille. Da entglitt ihrer Hand plötzlich die Kelle. Die Schamanenfrau fiel auf den Rücken und war sofort tot. Es zeigte sich, dass sie den Lama nicht besiegen konnte, weil er in seinem Buch die Stoffbänder von der Hose der Schamanin aufbewahrte. Von da an hörte man jeden Abend, wenn die Kühe gemolken wurden, die Trommel der besiegten Schamanin. Nach der Trommel vernahm man das Krächzen eines schwarzen Raben. Deshalb fürchteten sich die Frauen beim Melken der Kühe. Jeden Abend, zur gleichen Zeit, setzte sich auch der Lama hin und las seine Sutras. Und immer in der Abenddämmerung kam zu ihm ein Rabe geflogen und schrie: „Oh weh! Oh weh!" Wenn darauf der Lama den Trommelschlag hörte, verjagte er ihn mit dem Ton des Lesens seiner Sutras. So wollte die Seele der besieg-

---

9 Die Stoffbänder an der Kleidung der Schamanin waren ihre eeren (Behausungen ihrer Hilfsgeister). Mit dem Entwenden dieser Stoffbänder hatte der Lama der Schamanin die Quelle ihrer Kraft gestohlen. Indem er sie in seine Sutras legte, konnte er mit seinen Kräften die Kräfte der Schamanin beherrschen.

10 Milchschnaps zu destillieren.

ном номчаан үнү дыңналгаш, база ол кускунну сывырып алгаш бады барган.

ten Schamanen-Frau täglich die Seele des Lama angreifen. Irgendwann starb der Lama. Als man ihn zum Friedhof brachte, versuchte die Schamanenfrau ein letztes Mal, seine Seele zu besiegen. Doch auch an diesem Tag war sie nicht dazu in der Lage. Während die Leute den Lama beerdigten, hörten sie das laute Lesen der Sutras. Dieser Klang vertrieb schließlich den Raben, während die Leute den Lama in die Erde hinab ließen.

Von hilfreichen Herrengeistern

Die folgenden Texte kreisen um eine in Tuwa weit bekannte Kategorie von Geistern, mit denen der Mensch in permanentem Austausch steht. Die Herrengeister sind die Schutzherren und gleichzeitig die wahren Eigentümer von allem, was den Menschen umgibt und womit der Mensch umgeht. Alle nichtmenschlichen Bestandteile der Umwelt stehen unter dem Schutz und der Oberhoheit dieser als intelligent, mächtig und willensstark charakterisierten Wesen. Die Herrengeister überwachen das Verhalten der Menschen. Sie setzen die Regeln, nach denen sich der Mensch zu verhalten hat, und sie haben die Macht, falsches Verhalten zu strafen und richtiges zu belohnen. Zu den Regeln gehört, nichts in der Natur zu verändern oder zu zerstören und mit den Gegenständen, die der Mensch gebraucht, sorgsam umzugehen. Die Herrengeister verlangen auch, dass jemand, der zu seinen Zwecken etwas aus der Natur entnimmt, sei es Wild, seien es Beeren, Wurzeln, Kräuter, Holz oder andere natürliche Materialien, dies bei den Herrengeistern im Rahmen eines Rituals erbitten muss. Solche Rituale finden ein bis zweimal jährlich statt oder werden bei Bedarf spontan durchgeführt. Zu einem solchen Ritual gehören sowohl materielle Opfer wie Lebensmittel und Wacholderrauch als auch ideelle wie Lieder, Musik, Märchen, Segenssprüche und Anrufungen beziehungsweise Gebete.

NA 12 – Erzählerinnen 2, 3 und 4, aufgenommen am 24. 8. 2004
in Mugur Aksy, Provinz Möŋgün Taiga
Erlebnis ihrer Mutter mit einem Herrengeist der Taiga

Бистиң ававыс библиотекага ажылдап турда, Кызылда
министерстводан (яамыдан) хыналда келир деп баарга-
ла, оон түвексингеш (бужурунгаш), кады ажылдап
турар эштери-биле «хем кыдыында шыкче баргаш,
чечектер чулуп-ла эгелээр бис» дээр. Чечектер чулган
соонда, агаар баксырап, чаъс чаап, хадып эгелээрге,
самолёттар ушпайн баргаш, хыналда комиссиязы кээп
шыдавайн баар турган. Чүге дээрге чечектер чуларга,
Мөңгүн-Тайганың ээзи киленнеп, хорадай бергени ол
болур.

HG 13 – Erzähler 22, aufgezeichnet am 25. 8. 2004 in Mugur
Aksy
Über eine Heilquelle gegen Sodbrennen.[11]

Сарыг-Аржаанче кыс кижи үнүп болбас. Кыс кижи үнер
болза, аржаан бужартай бээр. Ол аржаанны ижер дээш,
чеде бээривиске, аржаан агывайн[12] турган. Чүге дээрге
орус кыс кижи ол аржаанче үнген болган. Оон бистер
саң салып турган бис. Аржаанның ээзинге саң салып
турган бис. Ыяшты чээргеннеп алгаш, отту кывыскаш,
сүттү, печенье-конфетти, эъти, чагны, артышты өргээн
бис.

---

11 Sie heißt Düktüg Dyt (pelzige Lärche) und liegt unweit vom Hei-
matdorf des Erzählers in Erzin.

12 Dialekt, Literatursprache: *акпайн.*

Als unsere Mutter noch in der Bibliothek arbeitete, sollte dort durch das Ministerium in Kyzyl eine Revision durchgeführt werden. Dazu wollte eine Kommission aus Kyzyl nach Mugur Aksy kommen. Die Mitarbeiter der Bibliothek fanden die Prüfung lästig [sie ärgerten sich darüber]. Deshalb ging unsere Mutter mit ihren Kolleginnen zu einem feuchten Flussufer, und sie begannen, dort Blumen abzureißen.[13] Nachdem sie das getan hatten, verschlechterte sich plötzlich das Wetter. Ein starker Regen begann und es kam Sturm auf. [Die Mitglieder der Kommission konnten aber nur mit einem Flugzeug anreisen, weil es damals noch keine Straße nach Mugur Aksy gab.] Wegen des schlechten Wetters konnte kein Flugzeug landen. Die Kommission konnte nicht anreisen. Weil sie und ihre Kolleginnen Blumen abgerissen hatten, ist der Herrengeist der Möŋgün Taiga zornig geworden.

Zur Sodbrennen-Heilquelle dürfen keine Frauen gehen. Falls eine Frau dorthin geht, hört die Quelle auf zu fließen. Als wir einmal zu der Heilquelle kamen und von ihr trinken wollten, floss kein Wasser. Eine russische Frau war zu der Quelle gegangen. Darauf führten wir ein Rauchopfer für den Herrengeist der Heilquelle durch. Wir spalteten Holz und entzündeten ein Feuer. In dieses spritzten wir Milch und legten Kekse, Konfekt, Fleisch, Speck und Wacholder hinein. [Danach floss die Heilquelle wieder.]

---

13 In der Taiga Blumen abzureißen, ist ein grober Verstoß gegen die Regeln des Verhaltens in der Natur. Wer Blumen abreißt, erzürnt deren Herrengeister.

HG 5 – Erzähler 21, aufgezeichnet am 2. 8. 2004 in der Provinz Süt Chöl
Erlebnis eines Jägers mit einem Herrengeist der Taiga

Бир катап бо черге бир аӊчы аӊнап чораан. Улуг-Кызыл-Тайга белинге болган чүве-дир. 1970–80 чылдар үезинде болган. Каш хонук куруглап келген. Бир эртен эртенги одар үезинде бир аяӊга кээрге, 18 адыр мыйыстыг ат болган[14] улуг сыын оьттап турган-дыр. Аӊчы-даа шыгаап, сыынны боолаан-на, аӊ-даа каш халааш, ушкан-дыр. Аӊ барып дүжери билек, аӊчы дыӊнаарга, херээжен кижи: «Халак, канчаарыӊ ол?» — дээн-дир эвеспе. Чаа, аӊчы-даа оон хөлчок корга берген-дир. Оон өөрү-биле аӊын союп-бузуп алгаш, чанып келген. Ол аалынга келгеш, аараан. Эмчилеп-даа чадашкан. Чартыктай берген. Оон хам кижи хооп алгаш, көргүзерге: «Оран ээзиниӊ ховар аӊын өлүрген-дир сен, бодуӊ оон үнүн дыӊнаан кижи-дир сен» — дээн-дир. Ол кижи оон саадавайн, мөчээн. Тыва аӊчылар ынчангаш оранныӊ ховар улуг аӊын өлүрбес.

HG 17 – Erzählerin 13, aufgezeichnet am 30. 8. 2004 in der Kooperative Toolajlyg, Provinz Möӊgün Taiga
Über die Begegnung ihres Vaters mit einem Herrengeist der Taiga

Мээӊ ачам аӊнап турган. Ол аӊнаан, аӊ чок болган. Баалыктан үӊгеп үнүп кээрге, уткуштур бир аӊчы үнүп келген. Ол кижи шупту боду мөӊгүн оттук-бижектиг болган. Чараш хептиг эр кижи деӊге уткужуп келген. Ачамны көргеш: «Эки аӊна, олчалыг боор сен» — ынча дээш, чиде берген. Бо кижи чер ээзи болган. Ооӊ соонда аӊ аайлажыр болган.

---

14   Dialekt für *дыка*.

Einst jagte ein Jäger in diesem Gebiet. An einem Berghang der großen Kyzyl Taiga (Rote Taiga) ist das gewesen, in den Jahren zwischen 1970 und 1980. Einige Tage und Nächte blieb er ohne Beute. Als er aber eines Morgens zu einer kleinen Wiese bei einem verlassenen Weideplatz kam, graste dort ein riesiger Maral mit einem 18-endigen Geweih. Der Jäger zielte und schoss auf den Maral. Das Wild flüchtete noch einige Schritte, brach zusammen und fiel zu Boden. In dem Moment, in dem der Maral zusammenbrach, hörte der Jäger eine weibliche Stimme: „Ach, wie konntest du das nur tun!" Da überkam den Jäger große Angst.

Nachdem er das Wild mit seinen Freunden gehäutet und zerlegt hatte, machte er sich auf den Heimweg. Er kehrte nach Hause zurück, doch als er in seinem Jurtenlager angekommen war, erkrankte er schwer. Der Arzt konnte nichts für ihn tun. Er war gelähmt. Darauf bat man einen Schamanen zu Besuch und zeigte ihm den Kranken. Der Schamane sagte: „Du hast das seltene Wild der Ortsherrin getötet. Du selbst hast ihre Stimme gehört." Der Jäger starb bald darauf. Deshalb töten Jäger keine seltenen und großen Wildtiere.

Mein Vater jagte. Als er einmal auf die Jagd ging, gab es kein Wild. Als er aber vom Fluss Balyk zurückkehren wollte, kam plötzlich ein Jäger geflogen. Dieser trug ein silbernes Messer und ein Feuerzeug bei sich. Der schön gekleidete Mann kam auf ihn zu. Als sie sich begegneten, sprach jener: „Du wirst Jagdbeute haben!" Wie er gesagt hatte, so geschah es. Der Fremde war der Ortsherr. So hatte er das Wild geleitet.

HG 10 – Erzähler 21, aufgezeichnet[15] am 27. 7. 2004 in der Provinz Süt Chöl
Davon, wie Jäger bei den Herrengeistern der Taiga Jagdglück erwirken können

Несколько лет назад отправились два молодых человека в Кызыл-Тайгу на охоту. Один из них играл на игиле[16]. Они долго бродили по тайге, но безуспешно. Дичь не попадалась. Как-то вечером один из охотников попросил игилчи, сыграть что-нибудь на игиле. Игилчи играл на игиле, а друг-охотник сидел и слушал его игру. Этот охотник был ясновидящим. Вдруг он увидел странные существа, приближающиеся к их охотничьей палатке. Эти существа толпились у входа, толкая друг друга внутрь палатки. Каждый из них хотел приблизиться к играющему на игиле насколько это только было возможно. Они, затаив дыхание слушали музыку. Эти существа были местными духами-хозяевами. Но лишь ясновидящий мог их видеть. Охотник

---

15   Der Originaltext dieser Sage ist leider unvollständig aufgezeichnet worden. Im Anschluss folgen die letzten Zeilen des tuwinischen Textes: … Бир кежээ олар орда, база-ла хөй чүве чыглып келген. Чадыр ийинде бир чүве, караа соɣур аскак чүве оларнын мурнунче чүткүп олурган, а дем көөр кижин шыдавайн, каттырыпкан. Ойнап олурган кижин хорадай бергеш, ойнаарын соксаткаш, чугаалаан: «Чоп мени кыжырып олур сен?». Демгизи «шынын чугаалаар болза, корга бээр» дээш: «Анаа өске чүве каттырып олур мен» — дээн. А демги чүвелер база хорадаан: «Чоп кончуг хоранныг соɣур боор, ол дээш игилчи ойнадырын соксадып каапты ышкажыл, кулугурну, адыр, моон бир буɣазын (бо анчыларга) тудуп бериптер-дир» — деп, дугурушкан. Оон эртенинде ашактар аязынга баарга, кончуг улуг сыын чыткан-дыр. Игилге ойнап турган анчыга ол чүвелер сыынны берген-дир.

16   был игилчи, хөгжүмчү.

Vor einigen Jahren sind zwei junge Männer in die Kyzyl Taiga auf die Jagd gegangen. Einer von ihnen war ein Musiker. Lange streiften sie ohne Erfolg durch die Taiga. Es gab kaum Wild. Eines Abends bat nun der eine Jäger den Musikanten, ihm etwas auf der *Igil* vorzuspielen. Der Musikant spielte auf der *Igil* und während er spielte, saß sein Kamerad, der zweite Jäger, da und hörte dem Igilspiel zu. Letzterer aber war ein Seher. Plötzlich sah er, wie sich verschiedenartige Wesen auf das Jägerzelt zubewegten. Sie drängten sich um den Eingang und schoben sich gegenseitig in das Zelt hinein. Jedes von ihnen wollte dem Musikanten so nahe wie möglich sein. Andächtig lauschten sie der Musik. Diese Wesen waren die Ortsherren der Umgebung. Nur der Seher konnte sie erblicken. So spielte der Musikant unbeirrt den ganzen Abend. Am nächsten Tag fürchtete sich der Seher, seinem Freund von den Ortsherren, die seinem Spiel gelauscht hatten, zu erzählen. Denn es ist ihm unmöglich, über die Wesen, denen er begegnet, zu sprechen, wenn er diese nicht erzürnen will. An diesem Tag hatten sie endlich Jagderfolg. Sie erlegten viel Wild. Denn wenn es jemand versteht, Musik zu machen, dann erfreut er die Ortsherren der Umgebung, und diese geben den Jägern als Dank Jagdglück und Wild.

Deshalb bat der Seher seinen Freund auch am nächsten Tag, auf seiner Igil zu spielen. So jagten sie einige Tage und erlegten viel Wild. Abends aber bat der Seher den Musiker immer wieder, auf seiner Igil zu spielen. Und Abend für Abend kamen immer mehr Herrengeister aus der Taiga zu ihnen.

So ging es einige Tage. Eines Abends versammelten sich wieder viele Herrengeister. Unter ihnen stand, im Inneren des Jägerzeltes, ein Wesen, dessen Augen blind waren und das hinkte. Das Wesen strebte mit eigenartigen Bewegungen auf sie zu. Da musste der Seher lachen. Der Musiker aber, der die Igil spielte, wurde über das Lachen ärgerlich und brach sein Spiel ab. Er sprach: „Was sitzt du da und lachst über mich?"

спокойно проиграл на игиле весь вечер. Ясновидящий побоялся рассказать своему другу на следующий день о слушающих игру на игиле местных духах-хозяевах. Он не мог рассказать о существах, которых он видел, при этом не прогневав их. В этот день им наконец-то повезло на охоте. Они добыли много дичи. Духи-хозяева награждают охотников удачей и дичью за прекрасное исполнение на игиле, которое их радует.

Поэтому на следующий день ясновидящий опять попросил своего друга сыграть на игиле. Так они охотились несколько дней подряд и добыли очень много дичи. Ясновидящий каждый вечер просил игилчи сыграть на игиле. Вечер за вечером из тайги к ним приходило все больше и больше духов-хозяев.

Так прошло несколько дней. Однажды вечером духи-хозяева опять собрались в палатке. Среди них находилось одно слепое и хромающее существо. Необычно двигаясь, оно приближалось к ним. Ясновидящий рассмеялся. Охотник, играющий на игиле, рассердился на смеющегося друга и прервал свою игру. Он сказал: «Что ты там сидишь и смеешься надо мной?» Ясновидящий побоялся сказать правду, и поэтому просто сказал: «Я над чем-то другим смеюсь.» Теперь разгневались странные существа: «Он абсолютно слеп» — сказали одни, «Он прекратил играть, теперь мы отдадим ему его вола» — решили другие. На следующее утро мужчины пошли к своей ловушке. Там лежал очень большой марал. Этого марала духи-хозяева подарили охотнику, который так хорошо играл на игиле.
(Перевод с немецкого С. П.)

Der Seher aber fürchtete sich, ihm die Wahrheit zu sagen, und antwortete: „Ich lache über etwas anderes." Nun wurden auch die sonderbaren Wesen zornig: „Er ist völlig blind", sagten die einen. „Er hat ja sein Spiel unterbrochen, der Kerl, jetzt werden wir ihm seinen letzten Stier geben", entschieden die anderen. Am nächsten Morgen gingen die Männer zu ihrer Falle. Dort aber lag ein sehr großer Maral. Diesen Maral hatten sie dem Jäger geschenkt, der so schön auf der Igil gespielt hatte.

HG 22 – Erzählerin 10, aufgezeichnet am 1. 9. 2004 in der Kooperative Toolajlyg, Provinz Möŋgün Taiga
*Über die Begegnung eines Kindes mit dem Ortsherrn des Jurten-
lagers*

Бичиимде авам сугнуӊ аалы Кускуннут-Арыг деп черге
турда, суурдан өскээш, аалымга кээп, майгын иштинге
олурумда, дошпулуур үннүг чүве дагжап, казыргы
ышкаш дааштыг чүве келген, майгындан үнгеш, кээп
дүшкен мен. Ол хевээр аарый берген мен. Чартыктап.
Оон чүве билир улустардан айтырарымга: «Чер ээзи кээп
турган-дыр, корга берген-дир силер, силерге чогум эки
болур турган-дыр, чер ээзи силерни ээ көрүп таварып
турган-дыр» — дээн-дир. Оон үр үеде эмнеткен мен,
баштай бо чүвеге таваржып тургаш, он сес харлыг мен.

HG 23 – Erzähler 12, aufgezeichnet am 1. 9. 2004 in der Kooperative Toolajlyg, Provinz Möŋgün Taiga
Über eine unglückliche Begegnung mit einem Herrengeist

Мөӊгүн-Тайга кожууннуӊ Кара-Даштыг баалыкты дүне
аъттыг улус ажарындан коргар, чүге дээрге ол артты
аът дужаар чер дээр. Бир-ле катап честем болур кижи
суур киргеш, дүне келген. Ынчан бистиӊ аалывыс Кара-
Даштыг арттыӊ артында Караӊгы-Арга деп черге турган.
Честем ол кээрде, арны-бажы шыймак болду. Ол честем
хам кижи. «Кара-Даштыг арт кырынга аъдым дужадып
турдум, бо черлеп дүне ашпаӊар» — деп, бисти чагып
орду. «Аътты дужаарда, аай-дедир киженней дужаар
боор чүве» — деп чугаалап олурган. «Дужаптарга,
дүрген-не аъттан дүшкеш, кызыл-өзек кымчы-биле
кижен чешкен кижи ышкаш домнаарга, адырлы
бээр» — деп чугаалап олурган. Честем четтигер шаа-
биле кымчызы-биле домнап тургаш, ол кижи караанга
көзүлбес ээге дырбактадып турганын чугаалаан кижи.

Als ich noch jung war, befand sich das Jurtenlager meiner Eltern an einem Ort mit dem Namen Rabenwald. Als ich eines Tages vom Dorf zurück in mein Jurtenlager gekommen war und in meiner Jurte saß, hörte ich einen Wirbelwind herannahen, aus dem der Klang einer Došpuluur ertönte. Ich sprang aus dem Zelt und brach vor Schreck zusammen. Danach erkrankte ich schwer, ich war gelähmt. Als ich bei erfahrenen Leuten nachfragte, sagten diese, der Herrengeist des Platzes wäre zu mir gekommen. Sie sagten: „Du bist erschrocken, doch er wollte dir nur Gutes tun. Deshalb hat er sich dir gezeigt." Ich brauchte eine Weile, bis ich wieder gesund wurde. Als ich mit diesem Wesen zusammentraf, war ich gerade 18 Jahre alt.

Die Reiter fürchten sich, nachts den Hügel namens Schwarzsteiniger in der Provinz Möŋgün Taiga zu überqueren. Denn man sagt, dass dort die Pferde plötzlich wie gebannt stehen bleiben und nicht weiterlaufen können. Als einmal mein Schwager aus dem Dorf zu uns auf Besuch kam, war es bereits Nacht. Damals befand sich unser Jurtenlager hinter dem Pass des Schwarzsteinigen Hügels auf dem Platz, den man Dunkler Wald nennt. Als mein Schwager kam, war sein ganzes Gesicht zerkratzt. Dieser Schwager aber ist ein Schamane. Er sagte: „Auf dem Schwarzsteinigen Hügel blieb plötzlich mein Pferd stehen. Überquert in der Nacht diesen Ort nicht! Als das Pferd angehalten wurde, trat es hin und her, als würde es von Fußfesseln gehalten", erklärte er. „Wenn euer Pferd plötzlich wie festgebannt stehen bleibt, müsst ihr schnell vom Pferd springen und mit einer rotgriffigen Peitsche so tun, als ob ihr die Fesseln lösen würdet, und sie dabei beschwören", sagte er zu uns. Während mein Schwager die Fußfesseln mit seiner Peitsche löste und sie beschwor, hatte ihm der Herrengeist das Gesicht zerkratzt. Der Herrengeist des Passes war für seine Augen unsichtbar.

HG 26 – Erzähler 13, aufgezeichnet am 1. 9. 2004 in der Kooperative Toolajlyg, Provinz Möŋgün Taiga
Warum man kein besonderes oder auffälliges Wildtier jagen darf

Мен аңнап чорааш, бир улгады берген аңчы кижиге
ужуражы биргеш, чугаалашкаш, ол кижиниң чугаазын
дыңнаан мен.

Ол кижи, мен база аңнап чоруур боорумга,
меңээ муңгарап чугаалаан: «Аңнап чорааш, кижи
кандыг-даа аңга таваржы берип болур. Мен бир катап
аңнап чорааш, боо хараалы үстүр чеде бергенде —
караңгылаар дей бергенде — бир аң аткаш, союп
четтикпейн баргаш, бүдүнге, чүгле ишти-хырнын уштуп
кааш, чедип келген мен. Эртенинде барып, аң алыр
дээш, чеде бээримге, элдеп чүве, ол аңның бажы чок
болган. Ооң соонда эки чүве болбаан. Сен аңнап чоруур
кижи дир-сен. Мында аңдан өске бир аң бар, мээң
көргеним, ол аңны билбейн, боолай бердиң. Ол аң шак
ол аргада» — дээш, меңээ чугаалап берген. Эртенинде
ол арганың чаны-биле эртип чыткаш, ол аңны сонуургап
көрдүм. Ак-шокар тооргу (ооң өңү ындыг эвес болур
ужурлуг), ол мээң чанымда, мен ону мооң мурнунда
көрбейн турган болдум. Ол аң тайга ээзи турган чадавас.

HG 31 – Erzählerin 19, aufgezeichnet am 3. 10. 2004 in Mugur
Aksy, Provinz Möŋgün Taiga
Eine Begebenheit mit der Ortsherrin eines Gewässers

Хиндиктиг-Хөлге балыкчылар кежээ шайлап олурда,
хережээн кижи орайтадыр кирип келгеш, балыкчылар-
биле кады хөөрежип шайлап олуруп-олуруп, чорупкан.
Эртенинде балыкчыларның четкизинге эмге-тикчок хөй
балык туттунган, балыкчылар хөл ээзи кээп чораан деп
билгеннер.

Als ich einmal auf die Jagd ging, traf ich einen alten Jäger. Von ihm habe ich Folgendes erfahren. Der Jäger war wie ich auf die Jagd gegangen. Bekümmert erzählte er mir darüber: „Als ich einmal auf der Jagd war, erlegte ich ein Wildtier. Das Gewehr im Anschlag schoss ich, als es schon dämmerte. Weil es schon so spät war, schaffte ich es nicht, das Wild zu häuten. Ich nahm es nur aus. Dann ließ ich es liegen und ging fort. Am Morgen lief ich wieder hin, um das Wild zu holen. Doch es war sehr eigenartig, denn der Kopf des Tieres fehlte. Danach ist mir nichts Gutes mehr geschehen. Du bist auch ein Jäger. Deshalb erzähle ich es dir." Er warnte mich: „Hier gibt es auch ‚anderes' Wild. Ich habe es selbst gesehen. Schieß bloß kein Tier, das dir nicht bekannt ist. Dieses ‚andere' Wild läuft bis heute in diesem Wald herum." Am nächsten Tag ging ich in den Wald, den er genannt hatte. Mich interessierte das ungewöhnliche Wild, das es hier geben sollte. Ich wollte es sehen. Ich fand heraus, dass es sich um ein weiß geschecktes Moschustier handelte. So etwas gibt es hier eigentlich nicht. Das Wild stand sehr nahe bei mir, doch ich hatte es zunächst nicht bemerkt. Dieses Wildtier, das ich gesehen habe, war wahrscheinlich der Herrengeist der Taiga.

Einige Fischer saßen eines Abends am See Chindiktig. Sie aßen und tranken Tee. Am späten Abend kam eine fremde Frau dazu. Sie setzte sich zu den Fischern, unterhielt sich und aß mit ihnen. Als sie am nächsten Morgen ihr Fischnetz auswarfen, fingen sie viele Fische. Da erst wurde den Fischern klar, dass die Herrin des Sees zu ihnen gekommen war.

HG 27 – Erzähler 13, aufgezeichnet am 2. 9. 2004 in der Kooperative Toolajlyg, Provinz Möŋgün Taiga

Бир чер ээзи-биле болган таварылганың дугайында сактып чугаалаан (чер ээзинге таварышкан кижи чугаалавас турган). Ол мынчаар болган-дыр. Аңны адар дээш, үңгээлеп келгеш, көөрге, ындындан база бир кижи үңгээлеп чыткан-дыр, деңге чыгыы келгеш, кээп боолаарга, ол кижи база боолапкан-дыр. Ам канчаар, аңын союп-бузуп алгаш, бадып чыдырда, ол кижи соондан алгырып чугаалаан-дыр: «Үш хүн иштинде кымга-даа чугаалавас сен!» — деп. Ол кижи аалынга келгеш, бир хүн ыыттавайн баргаш, ийи дугаар хонуунда хойтпак хайындырып, арагалап, хөөрежип чоруп тургаш, хөөреп каапкаш, оон сактып келгеш: «Канчаарым ол? Чугааланып алган-дыр мен!» — деп бодаан. Чоруп турарга, үш чыл иштинде черле аң аайлашпас, канчаар-даа кызарга, хоржок болурга, хомудап, иштинде ол таварылганы сактып келгеш, чугаалаар болган кижи-дир. Демги өске аңчы тайга ээзи болган чадавас, ол аңчыны хынап турган.

HG 28 – Erzähler 15, aufgezeichnet am 5. 9. 2004 in der Kooperative Toolajlyg, Provinz Möŋgün Taiga
Erzählung über einen verspielten Herrengeist

Аъттыг чораан кижи мен. Кежээ Чолалыг-Аксының одуруг кырынга «шиг-шаг» — дээн соонда, бир чүве келгеш, колдуктан алгаш, дүжүр соптар часкан, бөргүм безин уштуна берген. Алдырбайн, өскеп келген мен, шуут кижини тырткылап турар. Ооң соонда бөргүм барып ап алдым, колдуум элээн үр ышкаш, элээн болдум. Чолалыгның ээзи эр кижи боор. Чогум көзүлбес.

Hat jemand einen Ortsherrn getroffen, dann sollte er davon nicht erzählen. Folgendes ist passiert. Ein Jäger, der sich an ein Wildtier anschlich, um es zu schießen, sah, wie sich von der anderen Seite noch ein Mensch anpirschte. Als er schoss, schoss der andere auch. Nachdem sie das Wild gehäutet hatten, brach er abwärts nach Hause auf, und der Fremde rief ihm hinterher: „Sprich drei Tage mit niemandem über unsere Begegnung!" Als der Jäger in seinem Jurtenlager angekommen war, schwieg er einen Tag. Doch am zweiten Tag destillierten sie Milchschnaps, den sie sofort tranken. Dabei unterhielten sie sich. Während der fröhlichen Unterhaltung besann er sich auf seine Begegnung in der Taiga und plauderte es aus. Dann erst dachte er nach: ,Warum habe ich nur gesprochen?' Im Laufe der nächsten drei Jahre konnte er kein Wild mehr schießen. So sehr er sich auch bemühte, es gelang ihm nicht. Er war darüber sehr bekümmert. Immer wieder erinnerte er sich an dieses Ereignis und erzählte es anderen Menschen zur Warnung. Der fremde Jäger war wahrscheinlich der Herrengeist der Taiga gewesen, in der er gejagt hatte. Er hatte den Jäger geprüft.

Einmal war ich abends mit dem Pferd unterwegs. Da hörte ich auf dem Čolalyg Asky ein Geräusch „schik-schak". Dann sprang etwas hinten auf mein Pferd, hielt mich unter den Achseln fest und versuchte, mich vom Pferd zu reißen. Außerdem flog dabei meine einzige Mütze davon. Doch ich hielt mich standhaft und floh bergauf. Es zog und riss immer weiter an mir. Am nächsten Morgen ritt ich zurück und holte meine Mütze. Meine Achseln schmerzten noch lange. So etwas tut der Herrengeist des Čolalyg. Das ist ein Kerl. Nur ist er unsichtbar.

HG 33 – Erzählerin 18, aufgezeichnet im Oktober 2004 in Mugur Aksy, Provinz Möŋgün Taiga
Warum man über eine Begegnung mit Herrengeistern nicht sprechen soll

Даай-авам биске бо болган таварылгазын бо-ла чугаалаар кижи: «Аарыырым бетинде, дүне караңгыда чанып чоруп олурган мен. Хеп-хенертен кижи хире улуг мага-боттуг, кижи арынныг ийи куштар ужуп келгеш, сөс солчуп чугааланганнар. Чогум чүү деп чугаалап турганын сагынмайын тур мен». Эртенинде дораан-на даай-авам көрген чүүлүн эгииш-тыныш, далаш-биле кээп улуг угбазынга дамчыдып, чугаалаан. Ооң соонда каш-ла хонган, даай-авам хенертен аар-берге аарыгга таварышкаш, бо хүнге чедир орундан туруп албас, аарып чыдар. Оон бээр ам сес-даа чыл эрткен боор. Даай-авам ам-даа: «Угбамга хейде-ле көргеним чер ээлериниң дугайында чугаалаан мен» — деп хомудап чугааланыр кижи.

Die Schwester meiner Mutter hat uns folgende Begebenheit erzählt. Sie sagte: „Vor meiner Erkrankung ging ich einmal nachts in der Dunkelheit nach Hause. Völlig überraschend kamen plötzlich zwei Vögel geflogen, die einen Körper so groß wie Menschen hatten. Auch hatten sie menschliche Gesichter." Diese Vögel hätten mit ihr gesprochen, erzählte sie. Worum es genau in der Unterhaltung ging, habe ich vergessen. Am nächsten Morgen ging die Schwester meiner Mutter sofort zu ihrer älteren Schwester und erzählte eilig, was sie erlebt hatte, erklärte sie uns. Darauf, nach einigen Tagen, ist dann die Schwester meiner Mutter plötzlich krank geworden. Von diesem Tag an hat sie ihr Bett nicht mehr verlassen können. Sie war bettlägerig. Seitdem sind nun schon acht Jahre vergangen. Bekümmert erzählte die Schwester meiner Mutter uns: „Es war nicht nötig, meiner älteren Schwester über die Ortsherren zu erzählen, die ich gesehen habe."

HG 37 – Erzählerin 20, aufgezeichnet am 5. 10. 2004 in Mugur
Aksy, Provinz Möŋgün Taiga
Über den Herrengeist einer Quelle

Бистер чайлагже машиналыг өскепкен бис. Чайлагга
чеде бээривиске, өгнүҥ ээлери өөрүшкүлүг уткуп
алган. Өгнүҥ ээлери Кашпык-оол биле Чаймаа инек
саап турганнар. Бистер ол аалга каш хонук турган бис.
Бис ол аалга тургаш, чанында Мөҥгүн-Тайга баарынче
агаарлап чеде берген бис, Суглуг-Хову деп черге чеде
бергеш, ооҥ баарында ийи агып чыдар дамырактарлыг
черге чеде бергеш, сүзеривиске, бирээзи чылыг, бирээзи
соок болган. Оон оларныҥ кайыын ынчаар үндүр агып
чыдарын сонуургап чоруптувус. Имиртиҥней бергенде,
чанывыска бир кижи келген ышкаш болган. Ооҥ
тыныжы бистиҥ артывыска билдинип, тынып турган.
Ону көөр дээш, хая көрнүп кээривиске, көзүлбес болган.
Ол суг ээзи хевирлиг болду.

Wir fuhren mit dem Auto flussaufwärts zum Sommerlager. Als wir oben angekommen waren, haben uns die Bewohner der Jurten freudig empfangen. Die Jurtenherren, Kašpyk-ool und Čajmaa, molken gerade die Kühe. Wir sind dort einige Tage und Nächte geblieben. Während wir im Sommerlager wohnten, fuhren wir einmal an eine nahe Stelle, gegenüber der Möŋgün Taiga, in den Wald. Als wir am Platz „Suglug Chovu" angekommen waren, befanden sich ihm gegenüber zwei weithin bekannte Quellen, die wir aufsuchten. Wir durchwateten das Heilwasser der Quellen. Eine der Quellen war warm, die andere kalt. Wir suchten die Stelle, wo sie entspringen. Als es dämmerte, wollten wir zurückkehren. Da war es uns plötzlich, als sei ein Mensch gekommen. Wir bemerkten von hinten seinen Atem, und er hielt uns fest. Als wir uns umdrehten, um nachzuschauen, was das sei, war nichts zu sehen. Das war der Herr dieser beiden Quellen.

HG 38 – Erzähler 1, aufgezeichnet am 5. 10. 2004 in Mugur
Aksy, Provinz Möŋgün Taiga
*Über die Herrengeister der Möŋgün Taiga (Silberne Taiga) und des
Ak Baštyg-Berges (Weißköpfiger Berg)*

Мөӊгүн-Тайганыӊ ээзинге он алды харлыымда
таварышкан мен. Бичии кодан мунуп алган бичии уруг
болду, мөӊгүн чулар, чүген, эзерлиг болган. Кеткен хеви
алдын-мөӊгүн хептиг, каас, чараш кыс уруг болду. Оон
элээн чугаалажып турувуста: «Мен Мөӊгүн-Тайганыӊ
ээзи мен» — дээш, оваа баарынче шаап чоруй барган.
Ийи дугаарында Мөӊгүн-Тайганыӊ оваазын дагып
тургаш, таваржып ужурашкан бис. Боттарыстыӊ кайы-
хире чурттап турарывыс айтыржып чугаалашкаш, тарап
чорупкан бис. Мөӊгүн-Тайганыӊ ээзи бодун улуг азы
бичии кылдыр улуска көргүзер. Мөӊгүн-Тайганыӊ кыс
ээзи Ак-Баштыгныӊ эр ээзи-биле Ак-Баштыг мурнунда
улуг оваа баарынга ужуражырлар. Ак-Баштыгныӊ эр
ээзинге ийи муӊ дөрт чылдыӊ алды айда таварышкан
мен. Ак-Баштыгныӊ эр ээзи тыва эр кижи, тыва торгу
тон хептиг, хынныг бижектиг, оттуктуг. Аъш-чемниӊ
дээжизин баш-бажындан оваага салып каарга, ол эр чер
ээзи аъштанып-чемненир чорду.

HG 39 – Erzähler 1, aufgezeichnet am 5. 10. 2004 in Mugur
Aksy, Provinz Möŋgün Taiga
Über den Herrengeist eines Gewässers in der Möŋgün Taiga

Мөӊгүн-Тайганыӊ суг ээзи херээжен кижи болду.
Орайтай бергенде, суг кежип оргаш, таварышкан мен.
Экилежип мендилешкеш, эрте берди. Оон бадып оргаш,
ийи дугаар кежигте база катап таваржы берген мен. Суг
ээзи тыва тоннуг, тыва идиктиг болгаш тыва бөрттүг
кижи турган.

Die Herrin der Möŋgün Taiga habe ich kennengelernt, als ich 16 Jahre alt war. Sie war ein kleines Mädchen, das auf einem kleinen Hasen ritt. Der Hase hatte Halfter, Zügel und Sattel aus Silber. Das Mädchen war sehr schön und trug silberne und goldene Kleider. Wir unterhielten uns miteinander: „Ich bin die Herrin des Möŋgün Taiga", sagte sie, als sie zum ovaa ging. Als ich den ovaa des Möŋgün Taiga weihte, habe ich sie zum zweiten Mal getroffen. Wir fragten uns gegenseitig, wie es uns geht. Dann gingen wir wieder auseinander. Die Herrin der Möŋgün Taiga kann sich den Menschen als Erwachsene oder als Kind zeigen. Sie trifft sich häufig mit dem Herrn des Ak Baštyg beim großen ovaa des Ak Baštyg. Ich habe den Herrn des Ak Baštyg im Juni des Jahres 2004 kennengelernt. Er ist ein tuwinischer Mann, trägt einen tuwinischen Mantel mit Messer und Feuerzeug. Wir bewirten ihn, indem wir unsere ersten Speisen zum ovaa bringen, denn dieser männliche Herrengeist ernährt uns.

Die Herrin der Gewässer in der Möŋgün Taiga ist eine erwachsene Frau in mittlerem Alter. Ich habe sie getroffen und kennengelernt, als ich in der Dämmerung an einen Fluss kam. Nachdem wir uns begrüßt hatten, ist sie sofort davongegangen. Als ich über den Fluss ging, habe ich sie noch einmal gesehen. Die Wasserherrin trug einen tuwinischen Mantel, tuwinische Stiefel und eine tuwinische Mütze.

HG 41 – Erzählerin 15, aufgezeichnet am 7. 10. 2004 in Mugur
Aksy, Provinz Möŋgün Taiga
Über den Herrengeist des Ak Chöl (Weißer See)

Мен Ак-Хөл лагеринге дыштаныр дээш чедип келген
мен. «Коргунчуг хүн» эртирип турган. Оон баняже
улуг уругларны киирип турган. Хеп уштур черге
бүдүн лагерьни сыҥырыпкан, чунар чериниҥ кырында
дээвиирден чугайлар бадып эгелээн. Бир кижи
алгырыпкан. Ай-Суу дээр уруг кортканындан идиин
чидирип алган. Идии чок маҥнап чорупкан. Идиин
эртенинде дилээш, тыппаан. Ай-Суу меҥээ чугаалап
берген. Ол дээрге Ак-Хөлдүҥ ээзи көк буга болган. Чер
ээзи алгы-кышкы, дааш-шимээнге ынак эвес болган. Ол
болуушкун бо чайын болган.

H 3 – Erzähler 20, aufgezeichnet am 9. 10. 2004 in Mugur
Aksy, Provinz Möŋgün Taiga
*Mythenähnliche Kurzerzählung über das Sternbild Sieben Khane
(Großer Bär)*

Чеди-Хаан: Чеди алышкы чурттап чораан. Оон аразында
маргышкан. Бирээзи тургаш: «Мен улуг хаан боор
мен» — дээрге, бирээзи база: «Мен улуг хаан боор
мен» — дээн. Оон өскелери база «мен улуг хаан боор
мен» дижип, маргыжып туруп берген. Ооҥ соонда бо
Дээр бурган: «Шупту аҥгы-аҥгы чурттаар силер!» — деп
чарлык болган. Ынчангаш чеди аҥгы хаан болуп, дээрде
чурттаан чүве-дир.

Zur Erholung bin ich ins Ferienlager am Weißen See gefahren. Es war der „Tag der Angst" und bereits abends. Die Großen schlugen den Kindern vor, in die Banja[17] zu gehen. Auf dem Flur fanden viele Lagerkinder Platz, dann begann in der Banja plötzlich der Kalk von der Decke zu fallen. Jemand schrie auf, und das Mädchen Aj-Suu erschrak sich sehr. Es kam zu einem Tumult. Im Durcheinander hat sie ihren Schuh verloren, als sie davonrannte. Am nächsten Morgen suchten wir ihren Schuh, doch wir fanden ihn nicht. Mir hat davon Aj-Suu erzählt. Der Grund für dieses nächtliche Durcheinander war der Herr des Weißen Sees, ein grauer Stier. Dieser Herrengeist mag kein Geschrei und keinen Lärm. Das Ereignis ist in diesem Sommer passiert.

Die Sieben Khane[18]: Einst lebten sieben Brüder. Sie hatten sich untereinander zerstritten. Immer, wenn einer von ihnen sagte: „Ich bin ein großer Khan!" dann sagte auch ein anderer: „Ich bin ein großer Khan!" Und auch die restlichen Brüder behaupteten: „Ich bin ein großer Khan!" So stritten sie sich immerfort. Daraufhin entschied der Himmelsgott: „Ihr werdet nun alle einzeln leben!" So sind die Sieben einzelne Khane geworden, die im Himmel leben.

---

17   Russische Sauna.

18   Diese mythenähnliche Kurzerzählung erklärt den Ursprung des Sternbildes „Großer Bär", das unter den Tyva als die „Sieben Khane" bekannt ist.

HG 44 – Erzähler 17, aufgezeichnet am 8. 10. 2004 in Mugur
Aksy, Provinz Möŋgün Taiga
*Über die Herren der Silbernen Taiga und des Weißköpfigen Berges
in der Nähe von Mugur Aksy*

Ак-Баштыг болгаш Мөңгүн-Тайга ээлери харылзажып
турар. Ак-Баштыгның ээзи ак аъттыг, чараш, аныяк эр
кижи. Мөңгүн-Тайганың ээзи чараш база аъттыг кыс
кижи. Мөңгүн-Тайганың баарында Ширээ-Тайга бар.
Мөңгүн-Тайганың ээзиниң Ак-Баштыгның ээзи-биле
ужуражыр чери Ширээ-Тайга кырында. Ужуражыр
болгаш оран-делегейниң аң-меңин хайгаарап, ончалап
турар. Олар оран-делегей ээлери. Мөңгүн-Тайганың
ээзинге кижилер тейлеп, чүдүп турар. Ак сүттү чажар,
чеминиң дээжизин салыр. Мөңгүн-Тайганың баарында
оваа бар. Ак-Баштыгның баарында база оваа бар. Бо
хүннерде ол оваалар бар. Кижилер бо хүннерде-даа
оваага барып, тейлеп, саң салып, чүдүп турар. Кижилер
Ак-Баштыгның, Мөңгүн-Тайганың ээлеринге эки тейлеп,
чүдүүр болза, ээлери кижилерни эки камгалаар. Чүге
дизе кижилер ээлерге өргүл кылыр.

HG 30 – Erzählerin 17, aufgezeichnet am 24. 9. 2004 in Kyzyl
Über Herrengeister der Gewässer

Бир балыкчы кижи Чагытай хөл дугайында мындыг
таварылганы чугаалаан. «Мен балыктап турумда, суг
эриинге улус эштип турган, хенертен дээрге булут
тыптып келген. Ынчаарга сугнуң ортузундан суг ээрлип
эгелээн. Эриинге эштип турган улусту ол ээргииш
суг иштинче аппарган. Суг ээзи болза сугну хирледир
улусту көрбес болгаш база аппаар» — деп, балыкчы
чугаалаан.

Die Herren des Weißköpfigen Berges und der Silbernen Taiga stehen in Verbindung. Sie treffen sich. Der Herr des Weißköpfigen Berges ist ein schöner junger Mann, der auf einem weißen Pferd reitet. Die Herrin der Silbernen Taiga dagegen ist eine schöne Frau, die auch auf einem Pferd reitet. In der Nähe der Silbernen Taiga liegt ein Gebiet, das Kleiner-Tisch-Taiga genannt wird. Dort trifft die Herrin der Silbernen Taiga den Herrn des Weißköpfigen Berges. Wenn sie sich treffen, behüten und beschützen sie das Wild dieser Welt. Sie sind die Weltherren. Die Menschen beten zur Herrin der Silbernen Taiga. Sie verspritzen Trankopfer von weißer Milch und verstreuen Speisen. Für die Silberne Taiga gibt es einen ovaa. Auch am Fuße des Weißköpfigen Berges gibt es einen ovaa. Diese beiden Ritualplätze gibt es bis zum heutigen Tag. Bis heute gehen die Menschen zu diesen ovaa, beten und führen Rauchopfer durch. So lange sie aufrichtig zu den Herrengeistern der Silbernen Taiga und des Weißköpfigen Berges beten und an beide glauben, werden die Herrengeister die Menschen beschützen. Sie helfen den Menschen, wenn wir ihnen Opfer darbringen.

Mir hat ein Fischer über den See Čagataj folgende Begebenheit erzählt: „Als ich einmal fischte, badeten im Wasser Leute. Plötzlich kamen Wolken auf. Da bildete sich in der Mitte des Gewässers ein Strudel. Die Badenden aber wurden durch den Strudel unter Wasser gezogen. Der Herr des Gewässers hasst Menschen, die das Wasser verschmutzen, indem sie darin baden. Deshalb holt er sie sich." Das hat der Fischer erzählt.

AZ 1 – Erzähler 3, aufgezeichnet am 29. 7. 2004 in einem Früh-
jahrsweidelager in der Provinz Süt Chöl
Über einen aza, *den Herrengeist eines Klanes*

Раньше здесь, в Ишкине, была птица-аза (аза кужу).
Она появлялась в вечерних сумерках и ночью. Однажды
брат моей бабушки вернулся из Овюра. Он туда ходил
за каменной красной солью. Когда вернулся домой,
попросил он коней привязать на аркане на ночь около
переправы. Начинались сумерки. Бабушка была тогда
маленькой, где-то лет шести или семи. Когда она
приблизилась к реке, прилетела огромная — размером
с орла — птица и, ломая (под своим грузом) хрупкие
верхние ветки, села на лиственницу. Она удивилась
и начала смотреть на странную птицу. Птица начала
издавать разные звуки, прочистив горло, как певец,
собирающийся исполнять горловое пение: «гмм-кхе-
кхе». И птица начала петь. У бабушки волосы встали
дыбом, (она) окоченела от страха. Когда пришла в себя,
птица продолжала петь, она оставила коней и изо всех
сил побежала домой. Дома она всё рассказала брату.
Он успокоил её и сказал, что та птица предвещает
гибель одного человека из рода ондар.Что эта птица-аза
относящаяся к роду ондар. Когда бабушка рассказывала
мне этот случай, она подчеркивала, что до сих пор
помнит, как та птица искусно исполняла горловое
пение — лучше любого человека. Имя бабушки —
Чассыг, фамилия Ондар, но отчества я не помню.

Früher gab es hier am Iškin einen *aza*-Vogel. Er zeigte sich in der Abenddämmerung und in der Nacht. Einmal kam der Bruder meiner Großmutter aus der Provinz Övür. Er hatte von dort rotes Steinsalz geholt. Als er nach Hause kam, bat er meine Großmutter, die Pferde für die Nacht in der Nähe einer Furt anzubinden. Es begann bereits zu dämmern. Die Großmutter war damals noch klein, ungefähr sechs oder sieben Jahre alt. Als sie sich dem Fluss näherte, kam ein gewaltiger Vogel von der Größe eines Adlers geflogen, der sich auf eine Lärche setzte und dabei knackend die morschen oberen Äste zerdrückte. Sie staunte und begann, sich den seltsamen Vogel anzusehen. Der Vogel aber fing an verschiedene Laute auszustoßen und seine Stimme einzusingen, wie ein Sänger, der den Kehlgesang beginnen möchte: gmm-kche-kche. Der Vogel begann seinen Kehlgesang. Da sträubten sich der Großmutter die Haare, sie erstarrte vor Angst. Als sie wieder zu sich kam und der Vogel weiter sang, ließ sie die Pferde los und rannte, so schnell sie konnte, nach Hause. Zu Hause erzählte sie alles dem Bruder. Er beruhigte sie und sagte, dass der Vogel den Tod eines Menschen aus der Familie Ondar vorhersage. Der Vogel sei der *aza*-Vogel und Schutzherr dieser Familie. Als die Großmutter mir diese Geschichte erzählte, betonte sie, dass sie sich bis heute daran erinnere, wie kunstvoll jener Vogel den Kehlgesang sang – besser als jeder Mensch. Der Vorname meiner Großmutter ist Čassyg, der Familienname Ondar, aber an den Vatersnamen erinnere ich mich nicht.

Y 5 – Erzählerin 23, aufgezeichnet am 1. 11. 2004 in Kyzyl
Über eine wundersame Heilung an einer Quelle mit Hilfe ihres
Herrengeistes[19]

Однажды одна женщина обратилась ко мне за
помощью: «Вот, мою ногу хотят ампутировать, а доктор
уехал в Москву на конференцию, а нога каждый день
всё болит и болит». И я ли подумала: «Силу просить
ли у ‹хам-дыта› или ‹бай-дыта›?» и пришла к выводу —
просить силу у духа родника. Мы поехали на родник,
и я совершила ритуал «суг бажы дагыыр». Я делала
так: зажгла костёр, на костёр положила можжевельник
(артыш), топлёное масло, молоко, чай, сметану, творог,
сыр, тараа и далган. Кара-Кыс, женщину с больной
ногой, посадила рядом с костром у родника. Во время
ритуала я исполнила алгыш, просила у духа воды
помощи, чтобы она выздоравливала. Через год я её
встретила на улице. Я увидела её весёлой, и уже 5–6-ой
год она чувствует себя хорошо. Она дала мне свой адрес.
Вот так лечит дух воды.

---

19   Die Geschichte wurde von einer Schamanin erzählt.

Einmal wandte sich eine Frau an mich und bat mich um Hilfe: „Seht, man will mein Bein amputieren. Der Arzt aber ist nach Moskau zu einer Konferenz gefahren. Das Bein schmerzt jeden Tag." Ich überlegte, ob ich bei einem Schamanenbaum oder bei einem Reichen Baum um Kraft für sie bitten sollte. Dann kam ich zu dem Schluss, beim Herrn einer Quelle Kraft zu erbitten. Wir fuhren zu einer Quelle und ich führte das Ritual „Weihe der Quelle" durch. Das machte ich so: Ich schichtete Holz auf und baute eine Herdstelle. Auf das Holz legte ich Wacholder, Butterschmalz, Milch, Tee, Sahne, Trockenquark, Käse, Getreide und grobes tuwinisches Mehl. Dann zündete ich es an. Kara Kys, die Frau mit dem schmerzenden Bein, setzte ich in die Nähe des Feuers neben die Quelle. Während des Rituales sang ich einen Segen und bat beim Herrn des Gewässers um Hilfe, dass sie genesen möge. Nach einem Jahr traf ich sie auf der Straße wieder. Sie sah recht vergnügt aus. Nun sind schon fünf oder sechs Jahre vergangen, und sie fühlt sich gut. Sie gab mir darauf ihre Adresse. Seht, so heilt der Geist eines Gewässers.

NL 5 – Erzähler 4, aufgezeichnet am 26. 7. 2004 in der Provinz Süt Chöl
Über die Herrengeister des Kehlgesangs

В кызыльской тайге есть одно место, где можно встретить духов-хозяев хоомея (хөөмей), особенно духов горлового пения (каргыраа). Они одаривают способностью, научиться искусству горлового пения. Однажды отправился туда один мужчина и провел ритуал для того, чтобы задобрить духа горлового пения и научиться этому искусству. Он был выпившим и провел ритуал неправильно. Этим он прогневал духов-хозяев. После этого он тяжело заболел и умер спустя 60 дней.
(Перевод с немецкого С. П.)

In der Kyzyl Taiga gibt es einen Platz, wo man Herrengeister des *chöömej*, besonders des Kehlgesangs *(kargyraa)* antreffen kann. Sie verleihen die Gabe, die Kunst des Kehlgesangs zu erlernen und auszuüben. Einst ging ein Mann dorthin und führte ein Ritual durch, um die Herren des Kehlgesangs für sich zu gewinnen und diese Kunst zu erlernen. Er war jedoch betrunken und führte das Ritual falsch durch. Das rief den Unwillen der Herrengeister hervor. Er erkrankte schwer und starb nach sechzig Tagen.

Y 16 – Erzähler 7, aufgezeichnet am 10. 10. 2004 in Mugur
Aksy, Provinz Möŋgün Taiga
Gedicht über das Feuer, verfasst nach einem tatsächlichen Geschehnis

Das Gedicht hat der Autor, Boris Ojulevič Kazyrykpaj, bereits
in seinem Buch *Bodaldar* (dt. „Gedanken"; Kyzyl: Tyvanyŋ
nom ündürer čeri 2000: S. 17) veröffentlicht.

От-Чаяачы
(Өгбе чагыы)

Отче углай бижек тутпас — оттуң ээзи хорадай бээр.
Оттуң кезээ кожаярга — өгге аалчы кээрин оштаар.
Аалдың ээзи келир дээнин чалбыыш «дылы» чугаалай
бээр.

Сеткилинде боралгактыг ашак кижи одун көөрге,
Чедип келир аалчы оштаан — кезек орган:
«Че, че, меңээ кым кээр ийик, хупура!» — дээш,
Черле чиктиг демги кижи отта көстү сууугудан
Кызаңнадыр кызып алгаш, сугже супкан ...
Кыдыг черге чурттап чораан чаңгыс оглу
«Кырган адам, чуртумну» деп чанып оргаш,
Даштыг сугга көвүрүгден аңдарылгаш,
Дажаан хемче бажы-биле кире берген.
Сеткили бак демги кижи ынчанмайн,
Чедип келир оглун сактып келген болза,
Чаңгыс төлү айыылга-даа таварышпайн,
Чанып келген, чазык чаңнап олурбас бе?!

«Улуг оттуң ужурларын сагыңар» деп
Улугларның чагыг-сөзүн утпаалыңар.
Улуг оттуң чалбыыш-көзү салым-чолду тодарадыр.

Das Feuer
(Der Auftrag der Ahnen)

Man legt kein Messer mit der Spitze zum Feuer gerichtet ab –
      sonst erzürnt der Herrengeist des Feuers.
Wenn ein Holzscheit im brennenden Feuer, wie ein lebender
      Mensch steht,
wird ein Gast in die Jurte kommen:
„Der Gast kommt", spricht die Zunge des Feuers.

Als einmal ein in der Seele schlechter Mensch in das Feuer
      sah
und der aufrecht stehende Holzscheit ihm anzeigte, dass ein
      Gast kommen wird,
dachte er: ‚Nein, nein, niemand wird kommen, ich warte
      nicht auf Gäste!'
Dieser niedere Mann nahm das brennende Holz aus dem
      Ofen,
nahm das Glühende und warf es ins Wasser.
Weit weg aber wohnte sein einziger Sohn,
der sich sehnte: „Mein alter Vater, mein Heimatland!"
Er fiel auf dem Weg zu ihm von der Brücke in einen steini-
      gen Fluss,
er fiel mit dem Kopf auf einen Stein.
Der in seiner Seele schlechte und niedere Mensch,
wenn er sich nur an seinen Sohn erinnert hätte, der auf dem
      Weg zu ihm war!
Dann wäre seinem einzigen Nachkommen nichts geschehen.
Wäre er dann nicht angekommen und säße glücklich zu Hau-
      se?!

„Niemals ignoriere die Zeichen deines Feuers!"
Hört die wahren Worte der Alten und vergesst sie nie.
Die Flamme deines großen Feuers kann dir dein Schicksal
      vorhersagen.

Y 17 – Erzähler 7, aufgezeichnet am 10. 10. 2004 in Mugur
Aksy, Provinz Möŋgün Taiga
Vier Anrufungen an das Feuer (Kazyrykpaj 2000: S. 18 f.)

От – адавыс, иевис
(Дөрт алгыштар аянылар-биле)

(1)
Одаг чоогу бокталдырбас чаңчылдыг бис:
Одум Ээзи коданымче каржы күштер кавыдатпас.
Амыдырал чаяакчызы улуг Одум мөңге кыпсын!"

(2)
Он үш баштыг От-Ием, оран чуртка тайбың доктаат!
Оглуң-кызың мөңге шагда чылдып чор сен:
Чеди артты ажып, чеди хемни кешкен санывыста,
Сени сактып келир-дир бис, оо, От-Иевис!
Үш ожуктуң ээзи, үш аңның мыйызы сен,
Үжен баштыг, үстүү орандан дүшкен, оо, От-Адавыс!

(3)
Кызыл торгу тонуң-биле бисти шуглап,
Кызаңнашкан оттарыңга бисти чылдып,
Эргим ынак адавыс бооп камгалажып,
Эдертип ап, оруувусту чырыдып чоруур адавыс.
Он үш баштыг От-Иевис, үжен баштыг От-Адавыс,
Оглу-кызыңар бистер чылыг сөстериңерни дыңнап,
Оран-чуртувуска ээ болуп, онча-менди чор бис!

(4)
Чалбыыш, От-Ада-Иевистиң чылыг сөстери —
шынныг, күштүг, чырыткылыг бодалдары —
Ажы-төлдери бистерге үнелиг «ожук даштары» ол!

Feuer – Unser Vater, unsere Mutter
(Vier Segenssprüche und -wünsche)
(1)
Beim Ofen legen wir niemals Müll ab:
Zum Hoheitsgebiet meines Feuerherrn können schlechte
Kräfte nicht gelangen.
Die Quelle des Lebens – mein großes Feuer – möge fortwäh-
rend brennen!
(2)
Meine dreizehnköpfige Feuermutter, schaffe uns Frieden im
Heimatland!
Uns, deinen Sohn, deine Tochter, wirst du stetig wärmen.
Jedes Mal, wenn wir über sieben Pässe gehen, wenn wir
durch sieben Flüsse gehen,
jedes Mal erinnern wir uns an dich oh, unsere Feuermutter!
Herr der drei Herdsteine, du bist das Geweih dreier Wildtiere,
Dreißigköpfiger, aus der oberen Welt herabgestiegener oh,
unser Feuervater!
(3)
Mit deinem roten Fellmantel bedeckst du uns warm,
mit deinen leuchtenden Flammen wärmst du uns,
unser teurer lieber Vater, schütze uns,
nimm uns mit dir, wärme unseren Weg, unser Vater!
Unsere dreizehnköpfige Feuermutter, unser dreißigköpfiger
Feuervater,
euer Sohn, eure Tochter, das sind wir, eure warmen Worte
werden wir hören,
du bist der Herrengeist unseres Heimatlandes, und wir leben glücklich!
(4)
Flammen, die warmen Worte unseres Feuervaters, unserer
Feuermutter
sind wahr, stark und klug,
sind unsere und unserer Kinder Herdsteine!

Y 18 – Erzähler 7, aufgezeichnet am 10. 10. 2004 in Mugur Aksy, Provinz Möŋgün Taiga
Über eine Begebenheit mit einem Schamanenbaum

Бис чылдыӊ-на Сүүр-Тайга баарында Кежик-оол Марсын деп улус-биле чайлаар бис. Ол чылдыӊ-на чайын хам-дытты дагыыр турган. Дагып турган үезинде, мал-маганы менди, чуртталгазы эки, тодуг, кадык чораан. Хам-дыт болгаш хам-дыт ээзи оларны камгалап турган. Ол чоокка аржаан база турган. Аржаанныӊ ээзи база бар. Бо аржаан хая тииндеп үнүп чыдар. Аржаанныӊ үнер үези алды ай он беште. Өске хүннерде хаядан дамдылаар. Аржаанныӊ суу соок турар. Ак, көк чалама баглап, саӊ салып турган. Аржаанны чалап ижип турган. Аржаанга кээп, каксып, ижип, чалаар. Чоорту ол төрелдери-биле хам-дыт дагывастаан, аржаан дагывастаан, соонда багай чүвелер эгелээн. Малын оорлар оорлап, кадыы баксырап эгелээн. Кадайы чок апарган. Кежик-оол боду чоокта чок болган. Чүге дээрге ол төрелдери-биле хам-дытты болгаш аржаанны уткан.

Wir hatten viele Jahre in der Nähe des Platzes „Süür Taiga"
zusammen mit der Familie des Kežik-ool unser Sommerweidelager aufgeschlagen. In diesen Jahren haben wir im Sommer regelmäßig zusammen eine Schamanenlärche geweiht.
In der Zeit, als die Familien sie weihten, gedieh das Vieh
prächtig und den Bewohnern des Platzes ging es gut. Sie waren satt und gesund. Der Schamanenbaum und sein Herrengeist schützten sie. In der Nähe gab es auch eine Heilquelle
und ihren Herrengeist. Diese Heilquelle floss aus einem Felsen heraus. Die Heilquelle floss nur im Sommer, am 15. Juni.
An den anderen Tagen tropfte es nur vom Felsen. Das Wasser der Heilquelle war kalt. Wir banden dort weiße und blaue
Stoffbänder an und führten Rauchopfer durch. Wir bewirte-
ten die Heilquelle und tranken selbst. Wenn wir zur Heilquelle gingen, ließen wir das Wasser über uns fließen und tranken
auch davon. Nach einiger Zeit weihten unsere Verwandten
die Schamanenlärche nicht mehr. Auch die Heilquelle weihten sie nicht mehr. Danach begann das Unglück. Ihr Vieh
wurde von Dieben gestohlen. Die Gesundheit verschlechterte
sich. Die Hausherrin ist gestorben. Kežik-ool selbst starb vor
nicht langer Zeit. Der Grund war, dass die Familie die Schamanenlärche und die Heilquelle nicht mehr weihte.

NL 2 – Erzähler 4, aufgezeichnet am 25. 7. 2004 in einem Sommerlager in der Provinz Süt Chöl
Über die Hilfe eines Herrengeistes der Taiga

Жил-был в Сут-Холе (Сүт-Хөл) хороший охотник, который добыл много дичи. Однажды на охоте с ним произошел несчастный случай. Он сломал ногу и не смог вернуться домой. Вдруг откуда ни возьмись к нему подошла маленькая лошадка и принесла ему лечебные травы. Этими травами охотник обработал свою рану. Потом он вскочил на лошадь, которая привезла его домой. Эта лошадь была духом-хозяином тайги, по которой часто ходил охотник. Так решил охотник, так как там не водились лошади. Эта встреча произошла в тайге Сут-Холя. Таким образом, охотник считал себя обязанным духу-хозяину не только за постоянное везение на охоте, но и за то, что дух-хозяин тайги спас ему жизнь.
(Перевод с немецкого С. П.)

Im Süt Chöl lebte ein guter Jäger, der sehr viel Wild erlegte. Eines Tages hatte er auf der Jagd einen Unfall. Er brach sich ein Bein und war nicht in der Lage, nach Hause zurückzukehren. Plötzlich kam ein kleines Pferd auf ihn zu und brachte ihm Heilkräuter. Mit den Kräutern behandelte er seine Wunden. Schließlich stieg er auf den Rücken des Pferdes, und es brachte ihn nach Hause. Das Pferd war der Herrengeist der Taiga, der Gebieter über jenes Gebiet, in dem der Jäger häufig unterwegs war. Er schloss darauf, weil es dort keine Pferde gibt. Getroffen hat er das kleine Pferd in der Chöl Taiga. So verdankte der Jäger diesem Herrengeist nicht nur seinen stetigen Jagderfolg, sondern der Gebieter seines Jagdreviers hatte ihm auch das Leben gerettet.

NL 3 – Erzähler 4, aufgezeichnet am 25. 7. 2004 in der Provinz Süt Chöl
Über einen Taigaherrn

Один охотник отправился как-то пешком в Красноярск через Саянские горы. В горах у него закончилась еда, так как ему не удавалось поохотиться и поэтому ему пришлось голодать. Но в один день он неожиданно увидел белого марала. Тут он прицелился, но вдруг заметил, что его ружье сломалось. Охотнику пришлось голодать дальше, поэтому он взмолился к хозяину тайги о еде. После этого он опять увидел благородного оленя, который привел его в одно место, где охотник нашел съедобные ягоды и корни. Эта история учит тому, что белых зверей нельзя убивать. Белый олень был духом-хозяином тайги. Некоторые жители видели его и в Сут-Холе.
(Перевод с немецкого С. П.)

Ein Jäger brach auf, um zu Fuß über das Sajanische Gebirge nach Krasnojarsk zu gehen. Auf dem Weg durch die Berge ging ihm das Essen aus, da er kein Wild erlegen konnte. Da sah er eines Tages einen weißen Maral. Er legte an, um ihn zu schießen. Plötzlich stellte er fest, dass sein Gewehr kaputt war. Der Jäger musste weiter hungern und betete zum Herrengeist der Taiga, ihm die Möglichkeit einer Mahlzeit zu geben. Daraufhin zeigte sich ihm wieder der weiße Maral und führte ihn an einen Ort, an dem der Jäger Beeren und Wurzeln fand, die er essen konnte. Die Geschichte dieses Jägers zeigt, dass man weiße Tiere nicht schießen darf. Der weiße Maral war der Taigaherr. Auch in der Provinz Süt Chöl haben einige Menschen den weißen Maral gesehen.

NL 6 – Erzähler 4, aufgezeichnet am 27. 7. 2004 in der Provinz
Süt Chöl
Über das Tor zur Oberen Welt

В окрестностях Кызыл-Тайги [Красной Тайги] есть
невысокие горы, которые называются «Кижи Үнмес»
[«куда ни одному человеку не следует ходить»]. Никому
нельзя ходить в эти горы, потому что там находятся
ворота в верхний мир [үстүү оран[20]]. Местные жители
боятся этих гор. На вершине горы должна быть
дверь. Кто в нее войдет — уже не вернется. Люди
также рассказывают, что когда кто-то вопреки всем
предупреждениям взбирается на вершину горы, дорога
за ним закрывается. Если же он, несмотря на это, все
равно сумеет вернуться, то он тем не менее тяжело
заболеет и может даже умереть.
    У этих гор есть сильный дух-хозяин местности.
Однажды отправился один шаман в эти горы и хотел у
духа-хозяина всему научиться. 5 лет спустя он вернулся,
став за это время глубоким стариком. Это и есть та
причина, по которой в эти горы никто не ходит.
(Перевод с немецкого С. П.)

---

20   Oberwelt: *үстүү оран*, Mittel- oder Menschenwelt: *орта оран*, Un-
terwelt: *алдыы оран*.

In der Nähe der Kyzyl Taiga (Rote Taiga) ist ein Kleines Gebirge, das heißt Kiži Üŋmes (Wohin kein Mensch gehen darf). Niemand darf in das Gebirge steigen. Denn dort befindet sich das Tor zur Oberen Welt[21]. Die Menschen hier fürchten sich vor diesen Bergen. Oben, auf dem Gipfel, soll es eine Tür geben. Wer dorthin geht, der kehrt nicht zurück. Die Leute erzählen auch, wenn ein Mensch – trotz aller Warnungen – auf den Gipfel des höchsten Berges steigt, dann schließt sich hinter ihm der Weg. Falls er dennoch zurückkehrt, wird er schwer krank und vielleicht sogar sterben.

Über das Gebirge wacht ein mächtiger Herrengeist. Einst ging ein Schamane in das Gebirge und wollte sich von dem dortigen Herrengeist ausbilden lassen. Er kam erst nach 5 Jahren zurück und war in dieser Zeit ein Greis geworden. Das ist der Grund, warum niemand hier in dieses Gebirge geht.

---

21   Der Erzählung liegt die inzwischen historische Vorstellung von einer dreigliedrigen Welt zugrunde, bestehend aus drei flachen und kreisförmigen Welten, die übereinander liegen und die im Zentrum durch eine Achse miteinander verbunden sind. Diese Achse wurde manchmal als Stützstange einer Jurte, manchmal als Weltenbaum oder als Weltenberg (Sümberberg) vorgestellt. Die genannten Welten sind die Untere Welt, die Mittelwelt (irdische Welt) und die Obere Welt (Himmelswelt). In Gesprächen über das Weltbild der Tuwiner geht man heute jedoch von einer Erdkugel als Form der Welt aus. Die Erdkugel kann jedoch mit der Vorstellung ergänzt werden, dass es neben der irdischen Welt der Menschen auch eine Himmelswelt und eine unterirdische Welt gibt.

NL 8 – Erzähler 21, aufgezeichnet am 27. 7. 2004 in der Provinz Süt Chöl
Über den Herrengeist einer Heilquelle

На севере за горами, на территории Красноярского края, протекает река Уру. Недалеко от нее есть Уру-Аржаан, очень сильный целебный источник. В то время, когда здесь еще было очень много тувинских кочевников-скотоводов, здесь жил один знаменитый охотник. Однажды, когда он охотился, он увидел Марала. Он хотел его подстрелить. Но пуля попала не в сердце, и Марал смог убежать. Охотник, преследуя его, увидел, что раненое в живот животное подбежало к какому-то источнику, напилось воды и сразу же выздоровело. С тех пор считается этот источник целебным. Люди приходят сюда издалека, чтобы их исцелили вода и дух источника. Они приезжают верхом на лошадях, так как на машине туда не добраться. Поэтому попасть к источнику очень сложно. Далекий путь можно преодолеть либо пешком, либо верхом на лошади. Для того чтобы достинуть источника, нужно зайти далеко в горы. Говорят, что Уру-Аржаан излечивает все болезни печени и крови.

Некоторые посетившие источник встречали не раз там красивую тувинскую девушку. Она носит традиционное длинное красное платье. Говорят, она и есть дух-хозяйка целебного источника. Ее встречают там и по сей день. Но она не терпит пьяных людей. Если пьяный приходит к источнику, она ему не поможет. Каждый, кто туда приходит, делает перевал, приносит в жертву продукты питания, привязывает жертвенные ленточки чалама на деревья и кусты, находящиеся вблизи источника, молится, пьет из источника и отдыхает. Тот, кто приходит к источнику, чтобы провести ритуал изпечения, приносит в жертву белые продукты питания, сжигая

Hinter dem Gebirge im Norden, schon im Krasnojarsker Kraj, fließt der Uru-Fluss. Dort in der Nähe gibt es das Uru-Aržaan, eine sehr starke Heilquelle. Als in dieser Gegend noch sehr viele tuwinische Viehzüchter nomadisierten, lebte dort auch ein berühmter Jäger. Eines Tages, als er auf der Jagd war, sah er einen Maral. Er wollte ihn erlegen. Seine Kugel traf ihn aber nur neben dem Herzen und der Maral lief davon. Der Jäger verfolgte ihn und sah, dass das wunde Tier zu einer Quelle lief, ihr Wasser trank und augenblicklich wieder gesund war. Seit dieser Zeit schätzt man diese Quelle als Heilquelle. Die Menschen kommen von weit her, um sich vom Wasser der Quelle und ihrem Herrengeist heilen zu lassen. Sie kommen zu Pferd, denn der Weg zur Quelle ist mit einem Geländewagen nicht zu passieren. Der weite Weg ist nur zu Fuß oder auf dem Pferd zu bewältigen. Um die schwer zugängliche Quelle zu erreichen, muss man tief ins Gebirge hineingehen. Die Heilquelle heilt alle Krankheiten an der Leber und im Blut, sagt man.

Einige Besucher der Quelle sind dort einer wunderschönen jungen Tuwinerin begegnet. Sie trägt ein langes rotes tuwinisches Gewand. Man sagt, sie sei die Herrin der Heilquelle. Sie wird bis in die heutige Zeit oft an der Quelle gesehen. Aber sie hasst Betrunkene. Wer betrunken zur Quelle kommt, den heilt sie nicht. Jeder, der dort vorbei kommt, lässt sich an ihrer Quelle zu einer Rast nieder, opfert Nahrungsmittel, bindet Opferbänder an die Bäume und Sträucher im Umkreis der Quelle, spricht Gebete, trinkt von dem Wasser und ruht sich aus. Wer für ein Heilungsritual zur Quelle kommt, der opfert dort weiße Speisen in einem Wacholderfeuer. Dann übergießt er sich mit Wasser und trinkt etwas aus der Quelle. Um sich richtig ausheilen zu lassen, muss man vier Jahre lang regelmäßig die Quelle aufsuchen. Früher lebten in der Nähe der Quelle noch viele tuwinische Viehzüchter. Nach der Angliederung Tuwas an die Sowjetunion (1944) wurde das Ge-

их на костре жертвоприношения из можжевельника. Затем надо облиться водой и попить из источника. Чтобы полностью выздороветь, надо регулярно пить из источника на протяжении 4-х лет. Раньше вблизи источника жило много тувинских скотоводов вблизи источника. После вхождения Тувы в состав Советского Союза (1944 год) эта территория стала частью Красноярского края, и с тех пор очень трудно туда попасть.

(Перевод с немецкого С. П.)

biet dann in den Krasnojarsker Kraj aufgenommen, und seither ist es schwer, dorthin zu gelangen.

NL 9 – Erzähler 3, aufgezeichnet am 27. 7. 2004 in der Provinz Süt Chöl
Über die Begegnung seines Großvaters mit einem Herrengeist der Taiga

Будучи молодым мой дед отправился как-то с одним другом на охоту. Оба собирались охотиться на марала как раз в ту пору, когда тот еще не сбросил рога. Оба охотника ушли глубоко в тайгу. Но им не везло. Перед тем как вернуться домой, они провели небольшой ритуал жертвоприношения; они развели костер из можжевельника, принесли в жертву белые продукты и молочный чай и молились духу-хозяину тайги. Они просили его, чтобы ровно через год, когда они опять будут охотиться, он послал им марала. Через год они отправились на охоту в тайгу и оказались на том же месте, что и в прошлый раз. Вдруг они увидели как раз на той поляне, где они в прошлом году принесли жертву, марала. Они стали ссориться. Дед сказал: «Он мой!», а его друг возразил: «Нет, мой!» Испуганный шумом марал убежал еще до того, как кто-то из охотников успел прицелиться. После этого оба охотника расстроились из-за своей глупости. Они слишком поздно вспомнили, что они сами просили хозяина тайги об этом марале. Так как они не были к этому готовы, они не смогли тихо подкрасться к маралу и его подстрелить. Это произошло в 50-ые или 60-ые годы. Мой дед был вообще-то удачливым охотником. Тогда он молился духу-хозяину тайги. Духа-хозяина этой местности никто никогда не видел, поэтому до сих пор неизвестно мужчина это или женщина.
(Перевод с немецкого С. П.)

Mein Großvater ging als junger Mann mit einem Freund auf die Jagd. Sie wollten zu einer Zeit, in der das Geweih noch nicht gefegt ist, einen Maral jagen. Beide Jäger gingen tief in die Taiga hinein. Doch sie hatten keinen Erfolg. Bevor sie den Heimweg antraten, führten sie deshalb ein kleines Rauchopfer durch, verbrannten Wacholder, opferten Weiße Speisen und Milchtee und beteten zum Herrn der Taiga. Sie baten ihn, er solle in einem Jahr, wenn sie wieder zur Jagd gingen, ihnen zu einer bestimmten Stelle einen Maral schicken. Im nächsten Jahr zur Jagdsaison brachen sie wieder in die Taiga auf und kamen an den gleichen Platz wie im Vorjahr. Plötzlich sahen sie genau auf der Lichtung, auf der sie im Vorjahr geopfert hatten, einen Maral äsen. Doch sie begannen sich zu streiten. Der Großvater sagte: „Das ist meiner!" Und sein Freund erwiderte: „Das ist meiner!" Aufgeschreckt lief der Maral davon, bevor auch nur einer der beiden Jäger auf ihn zielen konnte. Später ärgerten sich die beiden über ihre Dummheit. Ihnen war zu spät eingefallen, dass sie selbst den Taiga-Herrn um diesen Maral gebeten hatten. Da sie unvorbereitet auf das Tier getroffen waren und sich gestritten hatten, konnten sie sich nicht anschleichen und den Maral nicht schießen. Das geschah in den 50er oder 60er Jahren. Mein Großvater war eigentlich ein erfolgreicher Jäger. Er hatte damals den Taigaherrn um den Maral gebeten. Der Herr dieses Waldgebietes ist noch nie gesehen worden, deshalb ist auch nicht bekannt, ob er männlich oder weiblich ist.

NL 14 – Erzähler 21, aufgezeichnet am 27. 7. 2004 in der Provinz Süt Chöl
Märchen über die Schutzherren der Jurtenplätze

Жил был один богач. Кроме своей юрты он имел еще одну, в которой жил простой пастух. Однажды разговаривали между собой духи-хозяева очага, один — богача, другой — бедного пастуха. Дух-хозяин огня богача говорит: «Мой господин очень плохой, он меня не кормит, я постоянно голоден.» Дух-хозяин огня бедняка сказал: «Мой господин, несмотря на то, что он так беден, сначала дает мне поесть, а лишь затем ест сам.» Дух-хозяин очага богача ответил на это: «Мой господин богат, но он не дает мне то, что мне причитается. Я его проучу.» Так и случилось: недолго после этого разговора сгорела юрта богача. Если не дать духу-хозяину очага причитающуюся ему часть еды, его не уважать и не чтить его за его защиту и помощь, не благодарить, то тогда он накажет за это.
(Перевод с немецкого С. П.)

Es lebte vor langer Zeit ein Baj (dt. Reicher). Er besaß nahe bei seiner Jurte noch eine weitere Jurte, in der ein einfacher Hirte lebte. Einmal unterhielten sich die Herrengeister der Herdfeuer des Baj und des armen Hirten miteinander. Der Feuerherr des Reichen sprach: „Mein Herr ist sehr schlecht. Er ernährt mich nicht. Ich bin immer hungrig." Der Feuergeist des Armen aber sagte: „Mein Herr, so arm er auch ist, gibt mir immer den ersten Teil der Nahrung seiner Familie, und erst dann isst er selbst." Darauf antwortete der Feuergeist des Baj: „Mein Herr ist reich, aber er gibt mir nicht meinen Anteil. Ich werde ihn strafen." Und so kam es, dass bald nach diesem Gespräch die Jurte des Reichen abbrannte. Wenn man dem Feuergeist nicht den ihm zustehenden Anteil der Nahrung gibt, ihn nicht achtet und nicht verehrt und ihm für seinen Schutz und seine Gaben nicht dankt, dann rächt er sich.

HG 8 – Erzähler 11, aufgezeichnet am 28. 7. 2004 in der Provinz Süt Chöl
Über den Reichen Ažyk-Karak

Про Богача Ажык-Карак.
Бо кижи алыс Улуг-Хемниӊ кыргыс ондар уктуг кижи-дир. Бо черге келгеш, бир бай кижиниӊ уруу-биле өг-бүле болуп чурттап турган кижи иргин. Оон ол алган кадайындан уруг-дарыг чок болган. Бир лама кижиден: «Чүге мындыг ажы-төл чок улус боор бис?» — деп айтырарга, ол кижи көрүп көргеш: «Ындыг болза, сен бо кижиден өске, суг ол чарыында аалдыӊ улуг эмчи уруу-биле чурттаар болзуӊза, эки чоруур, ажы-төлдүг болур-дур сен" — дээрге, ол аалдыӊ уруун алгаш, чурттап эгелээн. Бир чыл болгаш, оол уруг божуп алган иргин. Оон Ажык-Карак амырааш, суг кежир бодунуӊ акыларындан бир ирт дилээрге, бербээннер. Оон аалынга келгеш, кара чаӊгыс дөӊгүр көк инээниӊ молдургазын соккаш, кадайын дыӊзыдып ап-тыр оо. Чаа, оон күжүр эр Ишкин бажы Улуг-Кызыл-Тайгаже аӊнап үне берип-тир. Ол аӊнап чорда, бодунуӊ үези аныяк эр кижи таваржып келгеш: «Канчап мынчап муӊгарап чор сен, оол?» — дээрге, бодунуӊ бүгү байдалын дооза чугаалааш: «Чаӊгыс оолдуг кижи-дир мен, ынчангаш оран-таӊдымдан дилеп келдим ийин» — дээрге, «Че, ындыг болза, оон каш хонук дииӊнеп алгаш, чана бер» — дээн. Оон ол чоруп дииӊнээрге, олча-омак дээрге амыр болуп-тур. Кижиӊ оон катап ужуражып кээрге: «Мени кымга-даа чугаалавас сен, сагыш-сеткилиӊ бүде бээр» — дээн. Чаа, оон күжүр эр аалынга чанып кээрге, мал-маган бо-ла кээр, ол малдыӊ ээзи-даа чок, ол кижиниӊ малы боор апарган-дыр. Оон ол кижи ай-даа болгаш, чыл-даа болгаш ужуражыр үезин Чээде бажында улуг бай-ыяшка ужуражыр кылдыр болчажып алган дээр. Ол хевээр ол кижи ол дугайын кымга-даа ыыттаваан, олчаан бажын ажыр баян кижи-дир.

Dieser Mann war ein Sohn des Kyrgyz aus der Provinz Ulug-Chem, der vom Klan der Ondar abstammte. Als er in unsere Gebiete einwanderte, gründete er mit der Tochter eines reichen Mannes eine Familie und lebte mit ihr, so ein Mensch war er. Doch von der Frau, die er sich genommen hatte, bekam er keine Kinder. Er suchte einen Lama auf und wollte von ihm erfahren: „Warum bekomme ich keine Kinder?" Nachdem er seine Frage gestellt hatte, sah der Lama nach und antwortete: „Du bekommst keine Kinder, weil du zu deiner Frau nicht passt. In dem Jurtenlager, auf der anderen Seite des Flusses, lebt ein mächtiger Heiler mit seiner Tochter. Wenn du mit ihr zusammenlebst, wirst du ein gutes Leben führen und Kinder haben." So erklärte der Lama. Daraufhin nahm Kyrgyz das Mädchen des vom Lama bezeichneten Jurtenlagers zur Frau und begann mit ihr zusammenzuleben. Nachdem ein Jahr vergangen war, gebar sie ihm einen Sohn. Ažyk-Karak freute sich sehr und ging durch den Fluss zum Jurtenlager ihres Bruders, um von ihm einen Hammel[22] zu erbitten. Doch dieser gab ihm keinen. Als er in sein Jurtenlager zurückgekehrt war, schlachtete er das Kalb seiner einzigen grauen Kuh und stärkte damit seine Frau. Darauf ging er zur Quelle des Iškin in die große Kyzyl-Taiga (Rote Taiga) jagen.

Nachdem er eine Weile die Taiga nach Wild durchstreift hatte, traf er auf einen gleichaltrigen Mann. Der fragte ihn: „Was bekümmert dich so?" Er erklärte ihm seine Situation: „Ich bin einer, der einen einzigen Sohn geschenkt bekommen hat. Deshalb bin ich gekommen, um vom Herrengeist des Gebirges Hilfe zu bitten." „Gut, wenn es so ist", antwortete jener, „dann kehre hierher zurück, nachdem du einige Tage und Nächte Eichhörnchen gejagt hast". Ažyk-Karak ging und jagte Eichhörnchen, machte Beute und freute sich. [Als er von der Jagd zurückgekehrt war, sagte der Fremde zu ihm:] „Sprich nicht darüber, dass wir uns getroffen haben,

---

22   Kastrierter Schafbock.

und deine Wünsche werden in Erfüllung gehen." Gut, der
Mann kehrte in sein Jurtenlager zurück. Dort stand viel Vieh.
Dieses Vieh hatte keinen Herrn, und so wurde es sein Vieh.
Nachdem Monate und Jahre vergangen waren, traf dieser
Mann an der Quelle des Čėėde-Flusses auf einen großen *baj-
yjaš* (Reicher Baum) und machte ihn zu seinem Ritualbaum.
So war das. Dieser Mensch hat nie darüber gesprochen, wie
er einer der reichsten Menschen geworden ist. [Der gleichalt-
rige Mann, den er in der Taiga getroffen hatte, war ihr Her-
rengeist gewesen. Ažyk-Karak hatte ihm gefallen und seine
Armut hatte sein Mitleid geweckt.]

WA 3 – Erzähler 21, aufgezeichnet am 28. 7. 2004 und 1. 8. 2004
in einem Sommerlager in der Provinz Süt Chöl
Das Märchen vom Weißbärtigen Alten

Aksagaldaj-Ašak
Šyjan am, Süt Chöl šaldaa turar, Sümber-uula tej turar šagda
čüveŋ irgin. Teniŋ myjyzy dėėrge čedip, teveniŋ čoldak
kuduruu čerge döželip turar šagda čüveŋ irgin. Bir-le čerge
Ėrniŋ ėrezi, čarynnyg kižige oktadyp körbėėn Aksagaldaj-
Ašak čurtap čoraan čüveŋ irgin. Küžür ėrniŋ azyraan-maly
bažyn aškan, ėdilėėn ėdi ėktin aškan myndyg čüveŋ irgin.
Küžür ėrniŋ algan kadyny artyndan köögre aj chereldig,
murnundan köörge chün chereldig, končug-daa čaraš kadyn
irgin.
      Šyjan am Aksagaldaj-Ašak bir ajda malyn maldaar,
bir ajda ėdin ončalaar, baza bir ajda ulug dyšyn dyštanyyr
myndyg ėr čüveŋ irgin. Čaa šyjan am, Aksagaldaj-Ašak
aldan-čeden čyl bolgaš algan kadynyndan urug-daa
bodaravas bolup tur. Čaa ašak bir chün malyn maldap
čoraaš bodap čoruurga, soondan bazar oglu-kyzy-daa
čok, al-bodu nazy dögüp olurar bolup tur. Ėr bot mynčap
čoruur bolza, azyraan mal-daa yttyŋ-küštüŋ doju bolur
čüve ėvespe-dep bodap muŋgaravas bodu muŋgarap,
sagyššyravas bodu sagyššyrap kelip dir ėvespe. Aalynga
kelgeš kadynynga ol dugajynda čugaalap tyr oo. Čaa küžür
ėr-daa ėrteninde Ak-Ojda saadaan Ačyty-Baškyga bargaš
avyral dilep bodunuŋ dugajynda čugaalap tur oo. Ačyty-
Bašky šo-tölge salyp körgeš, yndyg bolza aalyŋga bargaš
kešėė uduuruŋda kadynyŋga monu čirtkeš udup čydyp al
dėėš, ürüle dėėr čüvezin booškunga boop, berip dir oo. Čaa
Aksagaldaj-Ašak-daa öönge čanyp kelgeš kežėė kadynynga
demgi ürülezin čirtkeš udup čydyp ap dyr oo.
      Čaa oon örten ėrte kadyn otup kelgeš kandaaj čoor,
čem čiirimge čirtinmes, ištelip-saataly bergen kiži boor men
be? dep olurup tur. Oon om čüzü boor küžür Aksagaldaj-

Der Weißbärtige Alte

Einst, als der Süt Chöl noch eine Pfütze war, als der Sümberberg noch ein Hügel war, in dieser Zeit geschah Folgendes.
Als die Hörner der Wildziege bis zum Himmel reichten und
der kurze Schweif der Kamele auf der Erde schleifte, in dieser Zeit geschah folgendes. Einmal gab es auf der Erde einen
Mann der Männer, unter den Menschen mit Schulterblättern
hat man ihn nie besiegt gesehen, es lebte damals der Weißbärtige Alte. Er besaß der guten Männer genährtes Vieh so
viel, dass es über den Kopf reichte, er besaß an Männlichkeit
so viel, dass sie über die Schulter reichte, so sah es aus. Wenn
man die Frau dieses guten Mannes von hinten anschau-
te, strahlte sie wie der Mond, schaute man sie von vorne an,
strahlte sie wie die Sonne so wunderschön war seine Frau.

Einst hütete der Weißbärtige Alte einen Mond lang sein
Vieh, einen Mond lang aber pflegte er seinen Besitz, einen
weiteren Mond lang ruhte er aus, so ein Mann war er. Damals verflossen 60, 70 Jahre, doch die Frau des Weißbärtigen
Alten gebar ihm keine Kinder. Eines Tages hütete der Alte
sein Vieh und stellte fest, dass hinter ihm weder Sohn noch
Tochter einhergingen. Er selbst aber war inzwischen alt geworden. Als er so darüber nachsann, fiel ihm ein, dass ohne
Kinder sein genährtes Vieh zum Fraß der Wölfe werden würde. So bekümmerte er sich, so beunruhigte er sich. Der gute
Mann ritt zurück zu seinem Jurtenlager. Nachdem er in seinem Jurtenlager angekommen war, sprach er darüber mit seiner Gattin. Darauf ging der gute Mann am Morgen zu dem
Ačyty-Bašky, einem weisen buddhistischen Mönch, der am
Ak-Oj wohnte, erzählte ihm alles und bat um Hilfe. Nachdem
der Ačyty-Bašky das Orakel befragt hatte, sagte er: „Wenn es
so ist, dann geh zu deinem Jurtenlager. Am Abend, wenn du
schlafen gehst, gib deiner Frau diese Tablette zu essen." Er
gab ihm die Tablette und verknotete seinen Beutel. Gut, als
nun der Weißbärtige Alte zu seiner Jurte zurückgekehrt war,

Ašak amyraaš olurgan bodu turar chalyp, turgan bodu olura
düžüp, üne-kire chalyp turup tur oo. Čaa oon am ynčap
čurttap ap turlarda kadynnyŋ-daa ajy-chünü čedip adaa
čilgep, končug-daa čaraš ool urug bodarap ap dyr oo.
Čaa küžür Aksagaldaj amyravas bodu, Bogdanyŋ bora
irtin boop, byžyryp kadynyn-dyŋzydyp ap turup tur oo.
Čaa baza-la Aksagaldaj-Ašak Ak-Ojda saadaan Ačyty
Baškyga ak kadaan sunup baraalgan četkeš, čugaalap
tur oo. Yndyg bolza Bašky silerniŋ ačy-avyralyŋarda ool
üren salgaldyg bolduvus , am ogluvustuŋ at-čolun adap
berip körüŋerem dep dilep dir oo. Ačyty Bašky ašakty
dyŋnap dooskaš, nom sudur ažyp körgeš monu söglep-
dir. Yndyg bolza silerniŋ ogluŋar ėrniŋ ėrerezi atyg-čarlyg
Aldyn-Mergen bolzun, ol boduŋar, sagyl čettirip amytan
čonga ačy-duza čedirip čoruur bolzuŋarza ėki dir-dėėš,
Aksagaldaj-Ašaka sagyl čettirtkegi čandyryp turup tur oo.
Čaa Aksagaldaj-Ašak aalynga kelgeš kadynynga čoraan
čoruunuŋ čogup butkenin, čugaalap, am bodu moon
soŋgaar aŋ-meŋ-bile berišpes, amytan-čonga ačy-bujan
čedirer sagyl četirgenil čugaalap turup tur ėvespe.
   Čaa irej-kadajnyŋ denči oglu končug-daa özügen bir-
chongaš bir charlyg boop iji chongaš iji charlyg boop turup
tur oo.
   Čaa irej-kadajnyŋ Aldyn-Mergen oglu končug ėr boop
özüp kelgeš ada ijezin azyrap, azyraan malyn ončalap aal
čurtu baškaryp turar aparyp tur. Čaa irgej-kadaj oglun čüve
bilir kižiden süme ap, baza bir baj kižiniŋ uruu-bile öglep
algaš, al bodu nazy baraaže bügüde amytan čonga amylyg
bojduska ėgėėrtinmes ačy-bujan čedirip čoraaš, nazy čedip
kelgeš, birėėzi ėrten, birėėzi kežėė möčüp kalyp tyrlar oo.
   Čaa Aldyn-Mergen kyrgan-ada-iezin mačalyg-čaagaj
söölgü čoruun kylyp kaaš, ojun oja čigin čire čurtap čoruj
baryy tur oo. Čaa ol baar čip čoruj bardy, men ökpe čip
čedip keldim.

gab er am Abend seiner Frau die Tablette zu essen und ging schlafen.

Als seine Frau am Morgen aufwachte, sprach sie: „Wie ist mir eigenartig zumute. Ich esse von meinen Speisen, doch kann ich nicht essen. Bin ich vielleicht eine erfüllte schwangere Frau geworden?" und setzte sich hin. Darauf freute sich der Weißbärtige Alte so sehr, dass er aufsprang, sobald er sich gesetzt hatte, und dass er sich setzte, sobald er aufgestanden war. Er freute sich so sehr, dass er aus der Jurte lief, sobald er in sie hineingekommen war, und dass er in die Jurte lief, sobald er aus ihr hinausgelaufen war. So lebten sie nun und es vergingen Monate und Tage. Als die Zeit der Geburt herangekommen war, gebar seine Frau einen wunderschönen Sohn.

Der gute Weißbärtige Alte freute sich so, dass er einen göttlichen grauen Schafbock schlachtete, briet und seine Frau damit stärkte.

Außerdem überreichte der Weißbärtige Alte dem am Ak-Oj sitzenden Ačyty-Bašky ein Zeremonialtuch und unterhielt sich mit ihm: „Es ist so geschehen, dass durch Eure Güte uns ein Sohn geboren wurde. Nun ersuche ich Euch, unserem Sohn einen Namen zu geben." Als der Ačyty-Bašky den Alten angehört hatte, und nachdem er in seinen Sutras nachgesehen hatte, sprach er: „So soll es sein. Euer Sohn möge wie ein wahrer Mann den Namen Aldyn-Mergen, Goldener Recke, tragen. Wenn Ihr aber selbst die Mönchsweihe empfangt und dem Volk der Lebewesen helfen werdet, wenn Ihr so in Zukunft lebt, so wird alles gut werden." Nachdem der Weißbärtige Alte zum Mönch geweiht worden war, kehrte er nach Hause zurück. Als der Weißbärtige Alte im Jurtenlager angekommen war, ging er zu seiner Frau, „Das Anliegen ist in Erfüllung gegangen", sagte er. „Nun werde ich selbst im Norden kein Wild mehr anrühren. Ich habe mich zu einem buddhistischen Mönch weihen lassen, der dem Volk der Lebewesen Wohltaten und Gnade entgegenbringt", sprach er.

Gut, der Sohn des Alten und seiner Frau wuchs sehr schnell heran. Nach einem Tag und einer Nacht war er wie ein Jahr alt, nach zwei Tagen und zwei Nächten war er bereits wie zwei Jahre alt. Nun gut, als der Aldyn-Mergen, der Sohn des Alten und seiner Frau sehr schnell zu einem wahren Manne herangewachsen war, ernährte er seinen Vater und seine Mutter, er bewachte sein genährtes Vieh und brachte sein Jurtenlager in Ordnung. Gut, nach dem Rat eines weisen Menschen verheirateten sie den Sohn mit der Tochter eines reichen Mannes. Er selbst brachte allen lebenden Wesen in der Natur, den Pflanzen, Tieren und Menschen, seine Hilfe und Güte entgegen. Als sie alt geworden waren, starb der eine am Morgen, der andere am Abend.

Aldyn-Mergen aber begleitete – wie es sich gehört – die letzte Reise seines alten Vaters und seiner alten Mutter, und so lebte er fort. Sie liefen so lange, dass sie die Ebenen zu Tälern austraten und dass sie die Täler zu Ebenen auffüllten. Er ist gegangen und aß Leber, ich bin gekommen und esse Lunge.

NL 16 – aufgezeichnet im August 1995 in der Provinz Baj Taiga.
Vier Segenssprüche für eine Hochzeit

(1)
Делегей чечээ дег каас болзун,
Тел ыяш бүрүзү дег өнер болзун,
чүзүнү н танывас малдыг,
чүвүрү сыңмас төлдүг болзун.

(2)
Делгем чаагай хонаштыг болзун,
Дески бүрүн чыргалдыг болзун,
Алгык чаагай чайлаглыг болзун,
Алдын сарыг күзеглиг болзун.

(1)
So elegant wie die Blumen der Welt möge sie sein,
so zahlreich wie die Blätter des tel yjaš mögen ihre Kinder
sein,
mit Vieh, dessen Farben man nicht kennt[23], möge sie versehen sein,
mit Kindern, dass sie die Hose nicht fassen kann[24], möge sie
versehen sein.

(2)
Mit einem breiten, reichen Nachtlager mögen sie versehen
sein,
mit ebener vollständiger Glückseligkeit mögen sie versehen
sein,
mit einer weiten, reichen Sommerweide mögen sie versehen
sein,
mit goldgelbem Herbst[25] mögen sie versehen sein.

---

23 Ihre Herden mögen so groß sein, dass man nicht in der Lage ist,
    die verschiedenen Farben der einzelnen Tiere zu erkennen.

24 Die Kinder mögen so zahlreich sein, dass sich nicht alle auf einmal
    an den Hosen der Mutter festhalten können.

25 Ein schönes, geruhsames Alter mögen sie erleben.

(3)
Аъттанганыңар чыраа болзун,
Азынганыңар алдын болзун,
Эзертээниңер саяк болзун,
Эдилээниңер мөңгүн болзун.

(4)
Эштеринге белектерлиг,
Эженинге албанныг,
Окпан-чикпен оолдуг,
Оран чурттуг болзун.

(3)
Was ihr reitet, möge ein Passgänger[26] sein,
was ihr aufbewahrt, möge Gold sein,
was ihr sattelt, möge ein Zelter[27] sein,
was ihr benutzt, möge Silber sein.

(4)
Für ihre Kameraden mit Geschenken versehen,
für ihren Herrscher mit Untertanen versehen,
mit einem Mordskerl von Jungen versehen,
mit Land versehen - mögen sie sein.

---

26   Unter Passgang versteht man eine bei Pferden selten auftretende
     Gangart, die ästhetisch als sehr schön gilt. Von Passgang spricht
     man, wenn im Galopp rechtes Vorder- und Hinterbein gleichzei-
     tig aufsetzen und das Gewicht tragen, während das linke Vorder-
     und Hinterbein nach vorn schwingen. Üblich ist bei Pferden der
     Kreuzgang. Passgänger gelten als die Edelsten und Begehrtesten
     unter den Pferden.

27   Zelter sind Pferde, die den seltenen und für den Reiter besonders
     bequemen Zeltgang (Tölt) beherrschen. Bei dieser Gangart gibt es
     keine Schwebephase, wie im Galopp. Der Tölt verursacht für den
     Reiter keine Erschütterungen. Der Reiter sitzt auf einem locker
     schwingenden Rücken.

HG 14 – Erzählerin 24, aufgezeichnet am 26. 8. 2004 in Mugur
Aksy, Provinz Möŋgün Taiga
Anrufung für die Herrengeister des Taŋdy (Hohe Taiga)

Таңды ээлеринге алганган алгыштар
Оран-таңдым ээлери!
Ээ көрүп, өршээңерем!
Дөрт-ле таңдым ээлери!
Ээ көрүп, өршээңерем!
Бажы бедик таңдыларым!
Багай чүве ыңай турзун!
Экти бедик таңдыларым!
Эки чүве бээрлезин!
Адам-ием алыс чурту,
Ак-ла баштыг Мөңгүн-Тайгам!
Буян-кежик доктаазын дээш,
бурунгаар көрүп, тейлеп тур мен.
Ажы-төлдер мандызын дээш,
алгыш-йөрээл салып ор мен.

Кырган-ачамдан бичиимде дыңнаан мен.

Segensspruch für die Herrengeister des Taŋdy (Hohe Taiga)
Herren meines heimatlichen Taŋdy!
Herren, bewacht uns, beschützt uns!
Herren meiner vier[28] Taŋdy!
Herren, bewacht uns, beschützt uns!
Eure Köpfe sind hoch, meine Taŋdy!
Das Schlechte möge in weiteste Ferne rücken!
Eure Schultern sind hoch, meine Taŋdy!
Das Gute möge herankommen!
Meines Vaters, meiner Mutter Heimatland,
meine Möŋgün Taiga mit weißem Kopf!
Damit Güte und Wohl einkehren mögen,
sehe ich nach vorn und bete.
Damit die Kinder gedeihen mögen,
bringe ich einen Segensspruch dar.

Diese Anrufung habe ich von meinem Großvater gehört und
niedergeschrieben.

---

28   Gemeint sind die Hochgebirge in den vier Himmelsrichtungen.

HG 15 – Erzählerin 24, aufgezeichnet am 26. 8. 2004 Mugur
Aksy, Provinz Möŋgün Taiga
Anrufung für die Möŋgün Taiga (Silberne Taiga)

Мөңгүн-Тайгага алгыш
Улуг Мөңгүн-Хайыракан!
Удур көрүп, «оог» деңер!
Биче Мөңгүн-Хайыракан!
Биргээр көрнүп, «аа» деңер!
Авам болган Мөген-Бүрен!
Алдыы, Үстүү Сайырларым!
Угбам болган Шегетейлер!
Улуг, биче Деспеңнерим!
Алгыш-самым,
Аян кииргер!
Көскү-хөрээм,
Хөөн кииргер!

Каскаан Иргит Дарбай уруу Севилден дыңнааны-биле
бижээн.

Segensspruch für das Gebirge Möŋün Taiga
Große Silberne-Erhabene![29]
Schaust du direkt darauf, sage „Oh!"
Kleine Silberne-Erhabene!
Wenn du sie erblickst, sage „Ah!"
Mögen Büren[30], die mir Mutter geworden ist!
Meine unteren und oberen Hügel!
Šegetej-Berge[31], die mir ältere Schwestern geworden sind!
Meine kleinen und großen Waldlichtungen!
Mein segensspruchgleicher Tsam,
lasst die Melodie eindringen.
Meine offene Brust,
lasst die Stimmung eindringen.

Von der Tochter Sevil des Dichters Kaskaan Irgit Darbaj gehört und aufgeschrieben.

---

29   Gemeint sind die hohen Berge.

30   Ort im Süd-westen der Möŋün Taiga an der Grenze zum Altai.

31   Ortschaft in der Möŋün Taiga an der Grenze zum Altai.

Von gefährlichen Schadensgeistern

Die folgenden neunzehn Sagen erzählen von den Gefahren, die von verschiedenen schadenstiftenden Geistern ausgehen. Zu diesen gehören *albys, aza, diireŋ* und Schneemenschen.

Albys zählen zu den wichtigsten Geistern der irdischen Welt. Sie treten häufig als Hilfsgeister von Schamanen auf. Gleichzeitig verleihen sie die Schamanengabe. Eine von *albys* besessene Person verliert den Verstand, redet wirr, sieht und hört Wesen, die für andere Menschen unsichtbar und unhörbar sind. *Albys* verführen Menschen, gehen mit ihnen Liebesbeziehungen ein und rauben ihnen den Verstand. Männern zeigen sie sich als wunderschöne Jungfrau, Frauen nähern sie sich als Jüngling.

Aza (oder seltener *četker*) zählt zu den gefährlichsten Geistern in der tuwinischen Vorstellungswelt. Er ist verantwortlich für zahlreiche Erkrankungen und Missgeschicke bis hin zu Todesfällen.

Diireŋ gilt als Schadens- oder Wunschgeist. Trifft man ihn und lässt sich auf ihn ein, so erfüllt er seinem Opfer zwar jeden Wunsch, aber er lässt den von ihm begünstigten Menschen auch nicht mehr in Ruhe. Es ist sehr schwer, ihn wieder loszuwerden, es sei denn, man stellt ihm eine unlösbare Aufgabe.

Das als *Schneemensch* bezeichnete Wesen steht in seiner Bedeutung hinter anderen Schadensgeistern wie *aza* und *albys* zurück. Dennoch gibt es unter den Tuwinern viele Erzählungen, die von Begegnungen vor allem von Jägern mit ihm berichten. Sie gelten als harmlos und richten kaum Schaden an. Allein ihre Existenz ist Gegenstand spekulativer Geschichten. Schneemenschen entsprechen in ihrer Beschreibung dem aus der tibetischen Vorstellungswelt bekannten Yeti. Sie gelten als behaart und haben übergroße Füße, deren Spuren im Schnee zu finden sind. Sie leben weit entfernt von menschlichen Siedlungen in den Gipfelregionen der schneebedeckten Gebirge.

AL 5 – Erzähler 8, aufgezeichnet am 8. 10. 2004 in Mugur
Aksy, Provinz Möŋgün Taiga
Erzählung über albys

Шаанда Мугур бажында бир кадай аныяанда (албыска)
таварышкан, ол албыска чүрээн алзыпкан. Ол үеде
албыс тудар Чыдым-Хам деп хам чораан. Албыстай
берген кадай кандыг-даа черге чедип кааптар. Албыстай
берген кадайның төрелдери Чыдым-Хамны чалааш,
албыска алыскан кижини хамнаткан. Ол хам кижи
кызыл сыптыг кымчызы-биле эттеп-соп эгелээн.
«Албызыңның адын ада!» — дээш, эттээр. Албыстаан
кижи албызының адын адап бербезин кызар. Чүге дизе
албыс-биле албыстаарга, эки бооп турар бодунга. Хам
кымчылаарга, кадай албыстың адын адавайн, мегелээр,
меге аттар адаар. Ынчаарга, улам эттеп-соп тургаш,
ададыр. Албыстың шын адын адаптарга, албыс адырлы
бээр, ынчангаш кадай ыглаптар. Ол албысты хам
бодунуң оран-делегейинче сывырып чорудуптар.

AL 1 – Erzähler 10, aufgezeichnet am 4. 9. 2004 in der Kooperative Toolajlyg, Provinz Möŋgün Taiga
Über eine Begebenheit mit albys

Бир кижи-биле болган таварылга, ол кижи ам чок,
аарааш чок апарган. Ол Кызыл-оол деп кижиниң
чугаалап турган чугааларын бир Саида деп кижи-биле
чугаалашкан-дыр мен. Кызыл-оол ажылдап чоруп
тургаштың, бир хүн кээрге, бир кижи бар болурга,
херекке-даа албайн чана берген Кызыл-оол-дур. Оон
ажылдап келирге, база бар болган-дыр. Чоорту ол чүве
адырылбайн чоруп турар суг апарган-дыр. Оон Кызыл-
оол ол чүведен бужурганыр апарган кижи-дир. Ол
албысты көрүп чоруп турган.

Vor längerer Zeit hat eine junge Frau an der Mugurquelle einen *albys* getroffen. Sie verlor ihr Herz an ihn. Zu dieser Zeit war der Schamane Čydym-Cham in der Nähe, der von albys-Geistern befreien kann. Die von dem *albys* befallene, verwirrte Frau irrte hilflos durch die Gegend. Da luden die Verwandten der Frau den Čydym-Cham ein, dass er den albys austreibe. Der Schamane begann, mit seiner rotgriffigen Peitsche auf sie einzuschlagen, und rief dabei: „Nenne den Namen deines *albys!*" Doch die von dem *albys* befallene Frau wollte den Namen des *albys* nicht preisgeben. Sie fühlte sich mit dem *albys* wohl. Die gepeitschte Frau begann, den Schamanen bezüglich des Namens des *albys* zu belügen. Sie nannte falsche Namen. Erst als er stark auf sie einschlug, nannte sie den richtigen Namen. In dem Augenblick, als sie den richtigen Namen des *albys* genannt hatte, fuhr der *albys* aus ihr heraus. Deshalb begann die Frau zu weinen. Den *albys* aber schickte der Schamane in seine eigene Welt zurück.

Mit einem Bekannten ist Folgendes geschehen. Er ist bereits an einer Krankheit gestorben. Ich habe mit einem anderen Bekannten über das, was geschehen ist, gesprochen. Als Kyzylool, der Verstorbene, eines Tages zur Arbeit ging, lief plötzlich ein Mensch nahe bei ihm. Der war immerzu bei ihm, auch als er nach Hause ging. Als er wieder arbeiten ging, lief diese Person wieder neben ihm her. Allmählich wurde dieses Wesen von ihm untrennbar. Der Bekannte konnte dieses Wesen bald kaum noch ertragen. Er hatte die ganze Zeit einen *albys* gesehen.

AZ 3 – Erzähler 3, aufgezeichnet am 1. 8. 2004 in einem Früh-
jahrsweidelager in der Provinz Süt Chöl
Begegnung mit einer aza-*Frau*
Erzählung seiner Großmutter über ihren Vater (8)

Ачам меңээ чугаалаан. «Ынчан бис хавак кырынга
чыткан бис. Бо кадай чаш уруу-биле орунга чытканнар,
мен дөрге чыткан кижи мен. Бир көрүп чыдарымга,
өг эжииниң чанында өг кидизин ажыда тырткан
соонда, бир чырык кирип келди. Туруп келзе-ле, тыва
тоннуг чүдек узун куу кадай болду. Кезек өг иштин
көрүп тур-ла, мен эштип алган тонум кыдыыңдан
бүдүү көрүп чыдыр мен, удуучаңнап. Аяар кылаштап-
ла тур, менче-даа көөр, орун кырынче-даа көөр. «Бо
багай иешкилерже-даа чеде бергеш, коргуда берейн,
менче келир болза бо» — деп бодап чыдыр-ла мен.
Демги кадай аяар кылаштап келгеш, ойталап чыткан
мени чавыдактай олура каапты де. «Чоп кижи мундуң,
эшпи!» — дээш, дүкпүрүпкеш, оң холум-биле бар-
ла күжүм-биле быктын орта шаштым, хөм кырынче
пет кээп-ле дүштү, чырыш-чарыш дээн соонда, үне-ле
халыды. Даштын инектер-даа мөөрежип-ле үнген, ыт-
куш туткулап-ла эгеледи. Кожавыс ашак ында боо-даа
адар. Үне халааш, көөрүмге, дөө бели-ле көгереңейнип
үнүп бар чыдыр. Ынчаар азаны шашкан мен, бижектиг
чыткан болзумза, бижектеп кааптар кижи мен
кулугурну, ядараан».

Mein Vater hat mir Folgendes erzählt: Damals lebten wir auf einem unbewaldeten Hügel. Seine Frau lag mit ihrem Kleinkind im Bett. Ich aber lag im Ehrenbereich der Jurte, hinter dem Ofen auf dem Boden. Als ich so dalag und schaute, öffnete jemand den Jurtenfilz nahe bei der Tür. Danach kam ein heller Schein in die Jurte. In dem Augenblick, in dem der Schein in die Jurte gekommen war, verwandelte er sich in eine hässliche, lange, grauhaarige Frau[32] in einem tuwinischen Gewand. Die Frau schaute sich einige Zeit in der Jurte um. Ich warf mir meinen Mantel über, lag ruhig da und lugte über seinen Rand hinaus. Dabei tat ich, als ob ich schliefe. Sie bewegte sich leise, schaute zu mir und schaute auf das Bett. ‚Dass die arme Mutter und das Baby nur nicht erschrecken, sie sollten zu mir kommen‘, dachte ich und blieb still liegen. Da schlich sich die Frau leise an mich heran. Ich legte mich auf den Rücken, und sie setzte sich rittlings auf meinen Bauch. Da begann ich zu brüllen: „Was setzt du dich auf mich, du alter Gerbstock!" und spuckte aus. Mit meiner Hand schlug ich mit ganzer Kraft gegen ihre Rippen, da fiel sie unter viel Gepolter hinunter. Es entstand ein grelles Licht. Dann sprang sie davon. Draußen, vor der Jurte, begannen die Kühe zu lärmen und die Hunde zu bellen. Unser Nachbar, ein alter Mann, schoss dort mit seinem Gewehr in die Luft. Da lief auch ich hinaus und sah, dass sie floh und dass ihre Hüfte bläulich brannte. So hatte ich eine *aza*-Frau geschlagen. Hätte ich ein Messer gehabt, hätte ich auf sie eingestochen, um diese alte Schachtel zu erledigen.

---

32 *Kuu kadaj* kann neben „grauhaarige Frau" auch „Schwanenfrau" bedeuten. Der Begriff Schwanenfrau wird aber in der tuwinischen Terminologie eher für *albys*-Geister verwendet (Taube, J. 2011: 36 f.).

AZ 2 – Erzähler 3, aufgezeichnet am 29.7.2004 in der Provinz Süt Chöl
Über einen wahrsagenden buddhistischen Mönch und zwei aza

В давние времена здесь жил большой лама по имени Ловун-Хелиӈ-Гелоӈ. Он мог предсказывать будущее и прошлое людей. Он был очень сильным. Его юрта была в Адыр-Тереке. Однажды он ехал верхом по Ишкину и зашёл в один аал. Там молодая девушка готовила тувинскую араку[33].

Оон ол уруг кижи ... арагазын сунган-дыр. Ашак даштыгаар чиигеп алгаш келгеш, уругдан айтырган:
— Дириг сүнезин көрген сен бе, уруум?
— Чок – деп, уруг харыылаан.
— Ынчаарга бээр кел че — дээш, ашак уругну даштыгаар үндүре бергеш, чугаалаан:
— Мээӈ колдуум адаандан өттүр көрүп көр даан.
Уруг ашактыӈ колдуунуӈ адаандан көөрге, ийи аза дээрге бир аныяк уругну ийи талазындан чедипкен, күш-биле сөөртүп бар чытканнар. Уруг корга бергеш, алгырыпкан.
— Аа, өршээ дадай! — дээш, өөнче кире халаан. Ашак кирип келгеш, чугаалаан:
— Кортпа, уруум, бир ай хире болгаш, бир аныяк уруг чок апаар — дээш, чоруй барган. Шынап-ла, бир ай хире болганда, үстүнде аалдыӈ 16 харлыг уруу аарааш, чок апарган.

---

33 An dieser Stelle der Erzählung wechselte der Erzähler vom Russischen ins Tuwinische.

Früher lebte hier ein großer Lama mit Namen Lovun Cheliŋ Geloŋ. Er konnte die Zukunft und die Vergangenheit der Menschen sehen. Er war sehr mächtig. Seine Jurte stand am Platz Adyr-Terek (Zwieselpappel). Eines Tages ritt er zum Iškin-Fluss hinauf und ging in ein Jurtenlager. Dort destillierte gerade ein junges Mädchen Milchschnaps. Als der Mönch in die Jurte eintrat, reichte ihm das Mädchen frischen Milchschnaps. Der Alte fragte das Mädchen: „Mein Kind, hast du jemals eine lebendige Seele gesehen?" und wollte durch die Jurtentür nach draußen gehen. „Nein", antwortete das Mädchen. Darauf sagte der Alte: „Dann komm her!" und bat sie, aus der Jurte zu kommen. „Schau unter meinem Arm hindurch." Das Mädchen schaute unter dem Arm des Alten hindurch und sah zwei *aza*, die ein junges Mädchen fest an den Armen gepackt hielten und mit sich schleppten. Das Mädchen fürchtete sich und schrie auf: „Oh, beschütze mich, welch ein Grauen!" Sie riss sich los. Der Alte trat an sie heran und sagte: „Mein Kind, Folgendes hat sich offenbart: Wenn ungefähr ein Monat vergangen ist, wird ein junges Mädchen sterben." Tatsächlich starb nach einem Monat in einem höher gelegenen Jurtenlager ein 16-jähriges Mädchen.

AL 2 – Erzählerin 9, aufgezeichnet am 5. 9. 2004 in der Kooperative Toolajlyg, Provinz Möŋgün Taiga
Über albys

Мээӊ ачам ол чадырга кээп хонар, албыс-биле кады удуп хонар кижи-дир. Эртен туруп келирге, оозу-даа, ол кижи көзүлбес, чок болур. Ындыг чүве-биле кады хонгаштыӊ, аӊнаарга, аӊ дендии аайлажыр. Харда изи кыйырткайнып чедип келир, боду-даа көзүлбес, даяӊгыыштыг, тыныжы дыӊналып турар. Ол чүве келбейн баарга, аӊ шоолуг аайлашпас, колдуунда-ла ол чүве кээр. Ам ында чадыр чок, өртедипкен, чанында аржаан бар. Ол чүве аржаан ээзи бооп болур.

AN 1 – Erzähler 17, aufgezeichnet am 16. 10. 2004 in Mugur Aksy, Provinz Möŋgün Taiga
Über das, was dem passiert, der Böses tut

Ам бир херээжен кижи бадып орган. Оон казыргы деп чүве ол кижиниӊ оруун дуй турупкан. Ам көөрге, ашак кижи турган. Ол херээжен кижи бир аалдан дүне акша оорлап алгаш, бадып орган кижи-дир. Ол кижи машина дозарга-даа, турбас болган. Ооӊ соонда ол суурга чедир чадаг чедип келген. Ол кижи аараащ, бергедээн. Оон хам кижиге хамнадып тургаш, сегээн де. Оон хам кижи чугаалаан: «Сен ол Мугурда өгден акша оорлаан-дыр сен» — дээн-дир. «Сен багай чүве кылган-дыр сен» — дээн-дир.

Mein Vater ging oft zu einem Jägerzelt und übernachtete dort. Mit ihm übernachtete dort häufig eine *albys*-Frau. Wenn er morgens aufwachte, sah er sie jedoch nicht. Weil er sein Lager über Nacht mit ihr teilte, jagte er sehr erfolgreich. Er hörte es immer knirschen, wenn sie durch den Schnee zum Zelt kam. Sie selbst war aber unsichtbar. Er hörte auch, dass sie einen Stock bei sich hatte und wie sie atmete. Wenn das Wesen nicht kam, hatte er keinen Jagderfolg. Jetzt gibt es das Zelt nicht mehr, doch in der Nähe, dort wo es stand, gibt es eine Heilquelle. Das Wesen könnte die Herrin der Quelle gewesen sein.

Eine Frau ging zum Dorf hinab. Da versperrte ihr ein Wirbelwind den Weg. Als sie hinsah, war es ein alter Mann. Diese Frau hatte in einem Weidelager nachts Geld gestohlen und war nun auf dem Heimweg zum Dorf. Sie wollte ein Auto anhalten, doch es gelang ihr nicht. So ging sie zu Fuß ins Dorf zurück. Danach ist sie schwer erkrankt. Ein Schamane schamanierte für sie, doch es wurde nur noch schlimmer. Da sprach der Schamane: „Du hast am Ufer des Mugur Geld gestohlen. Du hast etwas Böses getan."

AZ 6 – Erzählerin 3, aufgezeichnet am 4. 10. 2004 in Mugur
Aksy, Provinz Möŋgün Taiga
Über die Begegnung mit einem aza

Бир таныырым оол ийи-үш чыл бурунгаар Кызылче
Мугур-Аксындан чорупкаш, УАЗ машинага бир эжи-
биле бар чыткаш, Адар-Төштү (ында хөй аза бар) эрте
бергеш, чоруп олурда, караңгыда бир ашак кижи
орукта машина дозуп турган. Арай орай караңгыда
анчыгзынгаш, доктаавайн, эрте берген. Эжи оол
артынга удуп чораан. Бичии болганда, бир километр
хире (доскан кижи соонда) халдып чоруп олурда,
демги достунуп турган ашак машинаның мурнуку
сандайында олуруп алган чораан. Олчаан ону көрүпкеш,
чолаачылап чораан. Бир көрнүп кээрге, ашак кижи чиде
берген болган, Шагонарга чедип алгаш, эжин оттуруп,
чугаалааш, машиназын артыжааш, бар чыдырда,
машина үрелип чоруп берген. Орук ырак эвес черге
элээн узап, саадааннар.

AZ 5 – Erzähler 10, aufgezeichnet am 5. 9. 2004 in der Kooperative Toolajlyg, Provinz Möŋgün Taiga
Über eine Begebenheit mit einem aza

Бо чоокта чаа болган таварылга, Ооначы деп хемниң
аксы, бо черни шагда-ла айыылдыг деп чугаалажыр
турган чер-дир, болап чаңгыс кижи кел чыткаштың,
бир чүве чүктениптерге, туткаштың, бажын ажыр
кончуг таптыг кээп дүжүргештиң, көөрге, чок болган-
дыр. Ол чүвени октаптарга, дааштыг болган-дыр, ол
хиреде көзүлбес, оозун бодаарга, ол — аза. Ол кижи
оон баткаштың, одагга келгештиң: «Черле сестип бадып
олурган кижи мен. Кулугурну кончуг таптыг дүжүрдүм,
билир аргам-биле» — деп хөөрээн-дир.

Vor zwei, drei Jahren ist ein Bekannter von Mugur Aksy nach Kyzyl gefahren. Er fuhr zusammen mit einem Freund in einem Auto der Marke „UAZ" über den Pass Adar Töš. Dort aber gibt es *aza*. Wie sie im Auto saßen, versuchte auf dem Weg ein Alter das Auto anzuhalten. Es war schon ein wenig dunkel, und der Fahrer war gereizt. Deshalb hielt er nicht an. Sein Gefährte aber schlief hinten auf dem Rücksitz. Nach einer kurzen Weile, ca. einen Kilometer weiter, saß plötzlich der Alte, der das Auto stoppen wollte, neben ihm auf dem Beifahrersitz. Er sah genauso aus. Der Fahrer fuhr weiter. Als er wieder hinschaute, war der Alte verschwunden. Als sie in Šaganar angekommen waren, weckte er seinen Gefährten. Der Fahrer erzählte ihm alles, und als er mit seinem Bericht fertig war, reinigten sie sofort ihr Auto mit Wacholderrauch. Doch das Auto ging kaputt. Obwohl der Weg nicht mehr weit war, brauchten sie sehr lang für den Rest der Strecke.

Vor nicht allzu langer Zeit passierte Folgendes: Man sagt, dass es an der Quelle des Flusses Oonačy sehr gefährlich sei. Als einmal ein Bekannter dorthin kam, sprang ein Wesen auf seinen Rücken. Der Bekannte packte es und warf es über seinen Kopf vor sich auf die Erde. Als er genauer hinsah, war dort, wohin er den Angreifer geworfen hatte, nichts zu sehen. „Als ich dieses Wesen warf, war der Aufprall zu hören, doch der *aza* war unsichtbar", berichtete der Mann, dem das passiert war. Der Bekannte ging weiter und kam zu dem Ort Batkaš. Weil er sich so fürchtete, dass er nicht mehr weitergehen konnte, ließ er sich dort ein wenig nieder und ruhte aus. „Ich habe den Kerl wie ein richtiger Ringer geworfen", sagte er zu sich, um sich Mut zu machen, und ging schließlich weiter.

AZ 8 – Erzählerin 12, aufgezeichnet am 1. 11. 2004 in Kyzyl
Über die Begegnung mit einem aza

В 1966 году, когда я была в шестом классе, в марте
месяце видела аза в коровнике. Зашла в коровник
в 3 часа дня и вдруг увидела мышонка. Очень
внимательно посмотрела, но он был на мышку не
похож: был розовый. Он бегал туда-сюда, из угла в угол,
останавливался и улыбался мне. Иногда исчезал за
стенкой, как будто сквозь неё проходил. Я удивлялась и
думала, что и другие люди это видят. Я не спрашивала
ни у кого. А потом долго думала, почему он исчез и не
показывается. Я стала выспрашивать у подруг об этом.
Оказалось, они не знают такое существо. Я стала всем
показывать это место, и подругам тоже, приводила
в коровник и говорила, что аза покажу, но они не видели
его.

AZ 11 – Erzähler 2, aufgezeichnet im Oktober 2004 auf einem
Herbstweidelager in der Nähe von Mugur Aksy, Provinz
Möŋgün Taiga
Über die Begegnung mit einem aza

1986 чылда кыштагга чеде берген мен. Май айда хүн
дурту узай берген болур. Кежээ сес шакта бичии шай
ишкеш, үнүп кээримге, көстүктүг калдар ыт турган.
Муңгаранчыг ээрип эгелээн, Дөргүнче ээрип эгелээн.
Чүнү ээрип турар ыт чүвел дээш, көрүп эгелээн бис.
Дөң кырынче үнүп кээримге, элгиирге ышкаш куу-
сарыг өңнүг чүве көзүлген. Аът бе дээрге, аът эвес чүве
болган. Азаны көстүктүг калдар ыт көөр дээр. Кырган-
авам: «Ынаар барбас» — дээш, чоргузупкан. Та чүү чүве:
аза? Ол олчаан билбээн мен.

Als ich in die sechste Klasse ging, habe ich 1966 im März im Stall einen *aza* gesehen. Ich ging gegen drei Uhr am Nachmittag in den Stall und sah plötzlich eine kleine Maus. Ich schaute sie mir aufmerksam an, doch sie sah einer Maus nicht ähnlich. Sie war rosa. Sie lief hin und her, von einer Ecke in die andere, verharrte dann und lächelte mir zu. Manchmal verschwand sie hinter der Wand, als wäre sie durch sie hindurch gegangen. Ich wunderte mich und dachte, dass auch andere Leute das sehen sollten. Ich habe niemanden gefragt. Doch danach überlegte ich lange, warum sie wohl verschwunden ist und sich nicht mehr zeigt. Ich fragte Freundinnen. Es stellte sich heraus, sie kennen ein solches Wesen nicht. Darauf führte ich alle zu dieser Stelle, um ihnen den Platz zu zeigen, wo ich die Maus gesehen hatte. Ich führte sie in den Stall und sagte, dass ich ihnen einen *aza* zeigen würde, doch sie sahen ihn nicht.

Im Jahr 1986 kam ich einmal beim Winterweidelager an. Im Mai, als die Schatten schon lang wurden, abends gegen 20.00 Uhr, tranken wir Tee. Als ich danach aus dem Haus ging, war dort ein Hund von uneindeutiger Farbe mit Flecken über den Augen. Dieser schlug heftig an und begann, den Platz „Dörgün" anzubellen. ‚Wieso bellt der Hund?', dachte ich. Wir begannen uns umzusehen. Ich ging auf den Hügel, und als ich dort angekommen war, sah ich ein graugelbes Licht, das so groß wie ein Küchenschrank war. Ich dachte erst, es sei ein Pferd. Doch es war kein Pferd. Der Hund von schmutziger Farbe mit den Flecken über den Augen hatte einen *aza* gesehen. Meine Großmutter sagte: „Geh nicht dorthin!" und begleitete mich zurück. War dieses Ding ein *aza*? Was es genau war, weiß ich nicht.

AZ 9 – Erzählerin 15, aufgezeichnet am 7. 10. 2004 in Mugur
Aksy, Provinz Möŋgün Taiga
Über aza

Аза дугайында.
Мээң башкым мындыг болуушкун чугаалап берген.
Ол башкым болуушкуннуң болган үезин билбес. «Та
2002–2003 чылдарда болган чүве» — дээш, чугаалап
эгелээн. Башкым бичии уруглар-биле лагерьге чорааш,
кежээ дискотекалап, ажыдыышкынын эртирип турган.
Танцылап турганнар. Танцылап каапкаш, корпусче
кирип келген. Ооң соонда башкым соңгаже көрнүп
кээрге, бир чүве турган. Кылаңнап турар хептиг, та
кандыг кижи. Оон башкы шупту оолдарны, уругларны
корпусче киирип алгаш, санаарга, шупту четче болган.
Оон башкы шупту уругларны кончуп турган. Бичии
болганда, бирээ уруг алгырыпкан — база аза көрген
болган. Чүгле узун аза көрген. Олар кортпас дээш
ырлажып турганнар. Лаазын бир-ле кижи илдең кылдыр
өжүр үрүпкен. Ол кижини кым-даа көрбээн болган.
Олар кортканындан шугланып алган. Чаңгыс чоорганны
хөй кижи шугланып алгаш, удуур деп турда, чоорганын
бир кижи тыртып турган. Эртенинде оттуп кээрге,
печказы буступ калган турган. Өске чоорганнарны
чаңгыс черде бөлүп каан турган. Олар дораан-на
машина-биле дедир чаныл чорупканнар.

Über *aza*: Folgendes hat mir meine Lehrerin erzählt. Sie weiß selbst nicht mehr, wann es geschehen ist, doch wahrscheinlich in den Jahren 2002 oder 2003. Als meine Lehrerin mit Schulkindern ins Lager gefahren war, gingen sie abends in die Disco tanzen. Nach der Disco kamen alle ins Haus zurück. Da sah meine Lehrerin durch das Fenster eine Gestalt. Es war ein Mensch in Kleidung. Als die Lehrerin nach den Jungen und Mädchen sah, waren alle da. Die Lehrerin schimpfte mit den Kindern. Sie warf ihnen vor, dass ein Kind auf der Straße gewesen sei. Nach einer Weile sah auch ein Kind die Gestalt. Es war ein lang gewachsenes *aza*. Da begannen alle vor Furcht zu singen. Plötzlich blies etwas das Kerzenlicht aus. Doch sie sahen niemanden. Aus Angst versteckten sie sich nun unter den Decken. Fest zugedeckt, schliefen sie bald ein. Da zog etwas an ihren Decken. Am Morgen, als sie erwachten, war der Ofen kaputt, die Zudecken aber lagen alle auf einem Haufen. Darauf sind sie sofort mit dem Auto abgereist.

AZ 10 – Erzähler 17, aufgezeichnet am 12. 10. 2004 in Mugur
Aksy, Provinz Möŋgün Taiga
Über aza-četker

Мындыг таварылга Кара-Даштыг-Баалык деп артка 1916–
1917 чылдар үезинде болган. Мен безин төрүттүнмээн
турган мен. Мен бодум бичии тургаш, кырган
ашактардан дыңнаан мен. Бир ашак кижи дүне тайга
бажынга артты ажып чыдырда, мунуп алган аъды туруп
алган, кулаа халбайып калган. Оон ол ашакты көзүлбес
чүүлдер эттеп-соп эгелээн — кедип чораан тону, идик-
хеви чүү-даа чок ойбак, үттүг-таар болган. Ол кижи
кызыл сыптыг кымчылыг чораан. Аъдындан дүшкеш,
аъдының хөлегезин кымчызы-биле чурупкан. Ынчан
айдың дүне болган. Ол чуруп алган аъттың хөлегезин
кымчызы-биле соп эгелээн. Бодун база аъдын база
кымчызы-биле соп чорааш, артты ажа берген. Ол үени
азалар ойнаар, чыглыр үези дээр. Ашак ол үеде хөй
азаларга таваржы берген. Хөй азаларга таварышкан
болган. Азалар кызыл сыптыг кымчыдан коргар. Ол
ашак кижи ооң мурнунда ол артты ажарда, ындыг
чүүлдерни дыңнаан болгаш, медерелин оскунмааны эки
болган, кызыл сыптыг кымчыны ажыглааш, амы-тынныг
үнген.

Folgendes Ereignis hat sich auf dem Pass, den man Berg-sattel mit schwarzen Steinen nennt, in den Jahren 1916 oder 1917 zugetragen. Damals war ich noch nicht geboren. Als ich selbst noch klein war, habe ich die Begebenheit von den Alten gehört. Einer von ihnen war einmal in der Nacht in den höheren Gebieten der Taiga unterwegs und überquerte gerade diesen Pass. Wie er so ritt, blieb plötzlich sein Pferd stehen. Es spitzte die Ohren. Da begann etwas Unsichtbares, auf den Alten einzuschlagen. Der Reiter trug einen tuwinischen Mantel. Seine Kleidung wurde völlig zerfetzt. Es entstanden Risse und Löcher. Der Reisende hatte eine rotgriffige Peitsche bei sich. Nachdem er vom Pferd gesprungen war, zeichnete er den Schatten seines Pferdes mit dem Peitschenstiel nach. Es war eine mondhelle Nacht. Dann begann er, den Schatten des Pferdes, den er nachgezeichnet hatte, mit der Peitsche zu schlagen. Er schlug auch sich selbst und sein Pferd mit der Peitsche. Dann endlich war das Pferd los, und er konnte über den Pass reiten. Man sagt, dass dies die Zeit ist, in der die *aza* sich treffen und spielen. In der Nacht kann man viele *aza* treffen. Doch die *aza* fürchten die rotgriffige Peitsche. Als der Alte damals auf dem Pass unterwegs war, hatte er schon von solchen Begebenheiten gehört. Seine Seele hat er bei dieser Begegnung nicht verloren, das ist gut. Nur weil er die rotgriffige Peitsche benutzt hat, ist er am Leben geblieben.

LZ 3 – Erzählerin 7, aufgezeichnet am 6. 11. 2004 in Kyzyl
Über Liebeszauber

Бир орус херээжен кижи эр кижини «привороттуӊ» дузазы-биле бодунче тыртып алган. Ону мен билир мен. Оон ол херээжен ол эр кижиден хөӊнү калып калгаш, чарлып чадап каан. Ол эр кижи ол херээженниӊ соондан маӊнап туруп берген, адырлып чадап каан. Ол херээжен сымыраныр кадайга баргаш, «отворот» кылдыргаш, ол кижиден чарлып алган. Ол херээжен ооӊ соонда ол «отворотту» кылып турганы дээш хомудаан, чүге дизе ол чүве дыка күштүг, бүгү назынында күштүг. Сөөлүнде ол эр кижи ол херээженге ынакшылын утпайн, шуут көрбестей берген.

SM 2, Erzähler 10, aufgezeichnet am 5. 9. 2004 in der Kooperative Toolajlyg, Provinz Möӊgün Taiga
Begebenheit mit einem Schneemenschen

Алдын-оол меӊээ чугаалаан: «Тайгага бир кижи аӊнап чорааш, бир ээн казанакка хонуп чыткаш, ындыг чүвеге таварышкан-дыр. «Ол чүвениӊ холу дүктүг, дыргактыг, кижиже кадалып турар боор чүве чораан, оол» — деп хөөрээр кижи болгай. Ол чүвени ол кижи даштыгаар үнүп келгеш, ооргазындан чүктениптерге, дүжүр октаан кижи-дир. Боду база шыырак кижи, ол чүве дыка шыырак болган-дыр. Ооӊ чуртап турган чадырынга билбейн хонуп чыткан болган кижи-дир. Ол чүве даӊгаар эртен келген-дир. Ол чүве канчап хар кижи болду.»

Eine russische Frau hat einen Mann mit Hilfe eines *privorot* (Liebes- bzw. Bindungszauber) an sich gezogen. Ich selbst kenne sie. Doch als diese Frau den Mann nicht mehr liebte, wurde sie ihn nicht wieder los. Der Mann lief ihr hinterher. Es war nicht möglich, von ihm frei zu werden. Da ging die Frau zu einer russischen Hexe und ließ einen *otvorot* (Liebeszauber, der eine Bindung aufhebt) durchführen. Dann trennte sie sich von ihm. Die Frau aber bedauerte schließlich, dass sie den *otvorot* gemacht hatte, denn dieser war sehr stark. Er wirkte für das ganze Leben. Danach konnte der Mann diese Frau nicht mehr lieben, ja er hasste sie sogar.

Folgendes hat mir Aldyn-ool erzählt. Einmal jagte ein Bekannter in der Taiga. Als er in einer Jägerhütte übernachtete, traf er mit einem Wesen zusammen. Die Hände dieses Wesens waren mit Fell bedeckt, seine Nägel aber waren lang. Dieses Wesen fiel ihn an, da rannte er ins Freie hinaus und warf den auf seinem Rücken hockenden Geist ab. Er war selbst ein starker Mann, doch dieses Wesen war auch sehr stark. Vermutlich wohnte es in der Jägerhütte, in der er, der davon nichts wusste, übernachtete. Das Wesen ist bei Morgengrauen gekommen. Vermutlich war es ein *Schneemensch*.

TO 3 – Erzählerin 1, aufgezeichnet am 13. 10. 2004 in Mugur
Aksy, Provinz Möŋgün Taiga
Über die Seelen Sterbender

Мен сүнезин көрген мен. 2000 чылдың декабрь айда
тос шакта көрген мен. Спортзалдан бажыңымче чанып
чоруп олургаш. Ол улустар дириг турган. Улустуң
сүнезинин көрген мен. Баштай үннерин дыңнаан
мен, чугаалажып чораан. Оон мен «кайда кижилер
чугаалажып турар чоор?» дээш, көрзүнеримге, кижи чок
болган, чырык черде. Оон элээн тургаш, херим чанынга
туруп алгаш, караңгы черге ийи кижи көрген мен.
Бирээзи эр, бирээзи кыс. Эр кижи кыс кижини чүктеп
алган. Оон мен соондан кедеп бар чораан мен. «Чүү
улузул?» дээш сонуургап чораан мен. Оон чугаазын
база дыңнаан мен. Баштай эр кижи чугааланган: «Сен
менден чүге чүктенип алган чоруур кижи сен?». Кыс
кижи харыылаан: «Черле мээң үүлем келген-дир» —
дээн. Мен үннерин танып каапкан мен. Мен чоокшулап
келгеш, баштай артындан кыс кижини көөрүмге,
буттары далбаңайнып чоруур. Арнынче көрүптеримге,
боттарының арыннары эвес болган. Өлген кижиниң
арны ышкаш болган. Корткаш, билип каапкан мен,
сүнезин деп. Оон бажыңымга чедир маңнап келгеш,
соомче үш катап дүкпүргеш, бажыңымче кирип келген
мен. Эртенинде эр кижи эртенгиниң беш шак үезинде
чок апарган деп дыңнаан мен. Кыс кижи чок апарган
деп төрелдери телеграмма алган. Ол ийи кижиниң
сүнезинин көрген болган мен, олар чок апаар бетинде.

Ich habe Seelen gesehen. Ich sah sie im Jahr 2000 im Dezember gegen neun Uhr am Abend. Als ich vom Sportsaal heimging, waren diese Menschen noch am Leben. Doch ihre Seelen habe ich schon zu diesem Zeitpunkt gesehen. Zuerst hörte ich ihre Stimmen, sie unterhielten sich. Dann schaute ich mich um, wo sich hier jemand unterhält, doch ich sah niemanden. Dann sah ich im Dunkeln zwei Menschen, die völlig abgerissen aussahen und sich in der Nähe des Hofes befanden. Einer davon war ein Mann, der andere eine Frau. Der Mann trug die Frau auf dem Rücken. Darauf ging ich hinter ihnen her. Mich interessierte, was diese Leute sagen würden. So habe ich auch ihr Gespräch gehört. Zuerst sagte der Mann: „Warum hockst du auf mir?" Die Frau antwortete: „Ich fühle meinen Tod herannahen." Da erkannte ich ihre Stimmen. Ich schaute den beiden hinterher. Zuerst sah ich mir die Frau an. Sie wippte mit ihren Füßen. Als ich ihnen ins Gesicht sah, da waren es nicht ihre Gesichter. Ihre Gesichter sahen aus, wie die von Verstorbenen. Ich erschrak, denn nun verstand ich, dass dies ihre Seelen sind. So lief ich schnell nach Hause und spuckte dabei dreimal aus. Völlig abgehetzt kam ich zu Hause an. Am Morgen erfuhr ich, dass der Mann bereits fünf Uhr morgens verstorben war. Dass auch die Frau gestorben war, erfuhr ich als ihre Verwandten ein Telegramm erhielten. Erst nachdem ich die Seelen der beiden gesehen hatte, sind sie gestorben.

Y 1 – Erzähler 12, aufgezeichnet am 1. 9. 2004 in der Kooperative Toolajlyg
Über den Platz Iji-Dyt (Zwei Lärchen)

Ынчан 1978 чылдың күскээр аалдар шупту күзеглерге хонупкан турган үе чүве. Мен дуңмамның аалындан кежээ орайтай бергенде суурже бадыпкан мен. Дуңмам суг Мугур хемниң унунда Ийи-Дыт деп черге күзеп турган. Дөң-Шөлдүң баары-биле бадып орумда, соомда машина дыңналды, хая көрнүп кээримге, чаңгыс караа чырыыр машина чоруп ор, ону дозуп оруптар дээш, доктаай бээримге, туруп алыр, кылаштап чоруптарымга, база чоруптар мындыг. Оон эскерип чоруурумга, соомдан чырыткан машинаның чырыында мээң хөлегем чок болуп турар. Ам коргуп эгелээн мен. Дөң-Шөлдүң баарында ханы чооганы эрте бээримге, ол чаңгыс карактыг машина артып калган. Даажы ылап-ла машина, а чырыткан карааның херелинде таварышкан чүүлдер хөлеге чок болуп турар. Суурже кирип келгеним безин билбээн мен. Мээң соомда база каш-даа кижи таварышканын билдим. Ол та чүү деп чүве.

Di 2 – Erzählerin 23, aufgezeichnet am 1. 11. 2004 in Kyzyl
Über den Wunsch- und Schadensgeist diireŋ

Диирена (Дииреӊ) можно встретить на пересечениях дорог, в лесу, на полях или в тайге, его видно, как силуэт человека, очертание человека или животного. Те, которые встречались с дииреном, они становились богатыми. Диирен тебе всё принесёт, чего ты пожелаешь. Диирен сильно привязывается, шутит, играет, и невозможно от него отвязаться. Тот, кто хочет отвязаться от диирена, может только пословицами и поговорками это сделать, например, сказать: «Сходи туда, не знаю куда. Принеси то, не знаю чего», и он тогда исчезает.

Folgendes geschah im Herbst 1978, als alle Jurtenlager auf die Herbstweide umsiedelten. Als es am Abend dämmerte, ging ich vom Jurtenlager meines jüngeren Bruders zum Dorf hinab. Mein jüngerer Bruder hatte sein Herbstweidelager damals am Ufer des Flusses Mugur auf dem Platz Iji-Dyt (Zwei Lärchen). Ich lief in Richtung des Platzes Dön-Söl, da hörte ich plötzlich hinter mir ein Auto. Als ich mich nach dem Auto umschaute, bemerkte ich, dass es nur ein Licht hatte. Ich wollte es anhalten und drehte mich um. Doch als ich stehen blieb, blieb auch das Auto stehen und als ich weiterlief, fuhr auch das Auto weiter. Als ich weiterging, bemerkte ich plötzlich, dass ich im Lichtkegel des Autos keinen Schatten sah. Ich begann, mich zu fürchten. Aus Angst rannte ich den Hang zum Dön-Söl hinunter, um von der Straße wegzukommen. Der Klang des Autos mit dem einen Licht, dass ich hinter mir ließ, war eindeutig von einem Auto. Doch wohin der eine Lichtkegel leuchtete, warfen die Dinge keinen Schatten. Wie ich ins Dorf gekommen bin, weiß ich nicht mehr. Außer mir hatten noch viele Menschen eine Begegnung mit diesem sonderbaren Auto. Das habe ich im Nachhinein erfahren. Was das war, weiß ich nicht.

Einen *diireŋ* kann man an Wegkreuzungen treffen, im Wald, auf Feldern oder in der Taiga. Es sieht wie die Silhouette eines Menschen aus, wie der Umriss eines Menschen oder eines Tieres. Diejenigen, die einen *diireŋ* getroffen haben, sind reich geworden. Das *diireŋ* bringt dir alles, was du dir wünschst. Es ist aber auch sehr zudringlich. Es scherzt und spielt mit dir. Es ist nicht möglich, das *diireŋ* wieder loszuwerden. Wer sich von einem *diireŋ* trennen will, kann dies nur über Sprichwörter und Redensarten tun. Z.B. kann er sagen: „Gehe dorthin, wohin ich nicht weiß. Bringe mir das, was ich nicht weiß." Und dann verschwindet es.

NL 15 – Erzähler 21, aufgezeichnet am 28. 7. 2004 in der Provinz Süt Chöl
Über četker

В 1975 году повстречался мне на дороге один четкер. Однажды вечером я скакал с тремя друзьями домой в аал у пастбища на Үстүү-Ишкин-Алам-Аксы. Когда мы подъехали, я взглянул на дорогу и увидел одного мужчину, который не был мне знаком. Я показал на него своим друзьям, но они его не видели. Рассматривая его, я заметил, что у него, начиная с коленей, не было ног, он просто парил в воздухе. Я окликнул его: «кто вы?». Существо посмотрело на меня. Его лицо было белым, затем он быстро исчез в лиственничном лесу, вдоль которого шла дорога. Мы были уверены, что это существо было четкер.

Di 3 – Erzählerin 5, aufgezeichnet am 8. 10. 2004 in Mugur Aksy, Provinz Möŋgün Taiga
Über diireŋ

Дииреӊ дээрге анывак-чараш тайга-таӊдыга чоруур эр кижи. Ол киш кежи бөрттүг, ак аъттыг оол. Дииреӊ таварышкан кижизинге азы багай, азы эки болур. Баштай ийелээн шыдыраалаар. Дииреӊни арага-биле эзиртип алыр. Бир эвес дииреӊ аштырып алыр болза, ол кижиниӊ кулу болур. Чүү-даа дээрге күүседип турар болур. Дииреӊниӊ айтырары: „Хам боор сен бе, аӊчы боор сен бе, бай боор сен бе?"

Im Jahr 1975 traf ich einen *četker*. Ich ritt eines Abends im Oktober mit drei Freunden nach Hause zum Weidelager auf den Platz Üstüü-Iškin Alama-Aksy. Als wir dort angekommen waren, blickte ich den Weg aufwärts und sah einen Mann, den ich nicht kannte. Ich machte meine Freunde auf ihn aufmerksam, doch sie sahen ihn nicht. Wie ich ihn verwundert betrachtete, bemerkte ich plötzlich, dass dieser Mann von den Knien abwärts keine Beine hatte und schwebte. Ich rief ihn an: „Wer seid Ihr?" Daraufhin sah das Wesen mich an. Sein Gesicht war kreideweiß, und er verschwand schnell in einem Lärchenwald, der an den Weg angrenzte. Wir waren uns sicher, das Wesen war ein *četker*.

Was man *diireŋ* nennt, das ist ein jugendlicher, schöner Mann, der in der Taiga umgeht. Es hat eine Zobelfellmütze und reitet auf einem weißen Pferd. Einem Menschen der einen *diireŋ* trifft, kann es gut oder schlecht ergehen. Zuerst muss man mit ihm Schach spielen. Man sollte das *diireŋ* mit Milchschnaps oder Wodka betrunken machen, nur so kann man es besiegen. Wenn jemand das *diireŋ* besiegt, wird es sein Sklave. Es bringt ihm alles, was man von ihm verlangt. Das *diireŋ* wird ihn außerdem fragen, ob er Schamane, Jäger oder ein Reicher werden will.

Tuwa in Bildern

Abb. 1–9: Jurten und Herdentiere der Tuwiner in Südsibirien

Abb. 10: Der „Große Jäger" in der Taiga

Abb. 11: Eingang einer Bärenhöhle.

Abb. 12: Gastfreundschaft

Abb. 13–14: Ritualplätze *(ovaa)* für die Herrengeister der Umgebung

Abb. 15: Entzünden
eines Rauchopfers für die
Herrengeister der Taiga

Abb 16: *chuvaanak*-Orakel
mit 41 Steinen

Abb. 17: Weihe des Herdfeuers

Abb. 18–19: Jurten in
der „Silbernen Taiga"

Современные предания и другие фольклорные материалы из Тувы

Анетт К. Ольшлегель

Перевод главы «Zeitgenössische Sagen und andere Folkloretexte aus Tuwa»

Сборник *Современные предания и другие фольклорные материалы из Тувы* содержит 73 текста, которые были собраны составителем на основе рассказов местных жителей во время проведенного ею на территории республики Тувы годового исследования (2004–2005). Эти тексты, за исключением одной песни (Nr. Y 16) и четырех обращений (Nr. Y 17, 1–4), рассказываются в Туве и передаются из уст в уста по сей день. В состав этого сборника входят 59 современных преданий, одна песня (Nr. Y 16), 10 обращений и благословений (Nr. Y 17, 1–4; HG 14; HG 15; NL 16, 1–4), 2 сказки (Nr. WA 3; NL 14) и небольшой рассказ, близкий мифу (Nr. H 3). Все эти тексты связаны с современностью, это значит, что они являются частью современных традиционных рассказов тувинцев.

Практика повествования современных преданий религиозного, и особенно анимистически-шаманистского содержания в Туве впечатляет своей поразительной живучестью. Наше общение доставило мне большую радость не только в научном, но и в личном плане и поэтому я хочу поблагодарить здесь всех тувинских друзей за то, что они дали мне возможность их послушать. Они сумели меня настолько вдохновить своим искусством рассказа, что я стала записывать их тувинские предания и другие фольклорные тексты. Особо хочу поблагодарить 47 рассказчиков и рассказчиц за их истории и истории их знакомых и родственников, представленных в упомянутой сборнике. Каждый рассказчик открыл своим собственным очаровательным способом дверь для познания и понимания тувинской культуры, с которой мы, читатели, теперь сможем познакомиться. Результаты содержательного анализа собранных мной преданий будут изданы в скором времени в монографии под названием: «Plurale Weltinterpretationen. Das Beispiel der Tyva Südsibiriens» (Oelschlägel 2013a), в которой есть часть на русском языке: «*Краткое содержание: Множественные интерпретации мира. Пример тувинцев Южной Сибири*» (Ольшлегель, 2013c).

Работу по современными преданиями Тувинцев было не так легко осуществить, как можно предположить, судя по названию. Несмотря на то, что во время записи, расшифровки и перевода устных рассказов я без труда могла определить, что собранные мной тексты можно отнести к одному и тому же повествовательному жанру — нелегкой оказалась задача дать этому жанру название и поместить его в контекст международных исследований на эту тему.

С одной стороны уже в 2004 году во время моих полевых исследований в Туве мне было ясно, что я не первая, кто собирает подобный сорт текстов. Богатую коллекцию подобных рассказов собрал, к примеру, М. Б. Кенин-Лопсан (2002) и предоставил их тем самым, науке и своему народу. Часть его коллекции я перевела для моей работы: «Белый путь. Природные религии и гадание Тувинцев Южной Сибири» (Oelschlägel, 2004, нем. «Der weiße Weg. Naturreligion und Divination der West-Tyva im Süden Sibiriens») открыв к ним, таким образом, доступ для немецкоговорящей публики. Помимо этого, в 2011 году в немцком переводе были изданы тексты собранные Кенин-Лопсаном, под названием «Schamanengeschichten aus Tuwa» (русск. „Рассказы тувинских шаманов").

Тем не менее, во время самого сбора даных мне не удалось определить повествовательнй жанр историй ни тех, которым посвящена публикация Кенин-Лопсана, ни тех, что были собраны мной.

Ситуацию усугублял тот момент, что с конца 2005-го года у меня в Германии не было доступа к научным работам российских и тувинских коллег, которые, вероятно, дали бы мне возможность осуществить классификацию согласно имеющимся научным данным в российской фольклористике. В связи с этим, я хочу извиниться за то, что не могу привести здесь ссылки на работы тувинских коллег по данной теме. Мои запросы коллег в Германии также не внесли ясности в мои попытки поместить тувинские рассказы в контекст существующих исследований по фольклору Средней Азии и Южной Сибири. Исходя из данной ситуации, я решила использовать шанс — попытаться выяснить жанр собранных мной текстов, независимо от выводов моих коллег в России, и попробовать дать ему определение, основываясь лишь на собственных исследованиях. Таким образом, нижеследующее определение можно рассматривать как независимый от предыдущих выводов взгляд на фольклористику и этнологию. Возможно, мои рассуждения могут послужить уважаемым коллегам из республики Тува и России в качестве стимула для дальнейших исследований этого жанра. Мой вклад, в данную тему, как постороннего ученого из Германии является сравнением собранных мной в Туве текстов, с текстами немецкого устного фольклора, в том виде, в каком они были собраны и записаны в первой половине 19-го века не только братьями Гримм, и, тем самым, сохранены для немецкого народа. Дело в том, что пытаясь решить проблему классификации, я начала искать среди сокровищ немецкого фольклора что-то схожее с тувинскими текстами, и, через некоторое время мои поиски увенчались успехом. Записанные в Туве в 2004–2005-х годах рассказы по структуре содержания имеют большое сходство с немецкими *народными историческими предани-*

ями (нем. *historischen Volksagen*). Они издаются по сегодняшний день, и в то же время, считаются — что касается тем и их содержания — ценными реликтами прошлого (досовременности), подлежащими сохранению.

После обнаружения данного сходства, я начала изучать исследования немецких фольклористов на тему преданий (нем. Sagenforschung). Мои предположения о том, что в моем случае мы действительно имеем дело с преданиями подтвердились, когда в работах многих немецких фольклористов (собранные и обобщенные см. Петцольдт, Petzoldt, 1969 и 2002) я заметила следующие параллели между тувинскими рассказами и немецкими народными преданиями: сами мои тувинские рассказчики называли свои истории по-тувински: «*болган таварылгалар*», что можно перевести на русский как «действительные случаи» или точнее как «действительно случившиеся события» — определение, которое правда, не соответствует ни одному из повествовательных жанров, упоминаемых в международной фольклористике. В 1941 году, немецкий фольклорист Зигфрид Бейшлаг (Beyschlag, 1969 [1941]: 189) опубликовал свою работу «Картина мира в народных преданиях» (нем. «Weltbild der Volkssage») в которой он очень точно подмечает то же, что удалось обнаружить и мне в собранных в Туве рассказах: «В группе взрослых, солидных рассказчиков, там, где предание еще [существует] в качестве […] сообщаемого материала — там оно воспринимается всерьез, как достоверная действительность/реальность какого-либо события или познания. Предание здесь играет роль отчета о произошедшем, выражая, таким образом, понимание взаимосвязей в мире. В манере повествования, выражается уверенность рассказчика в том, что рассказывает о реальных событиях» (нем. «Wo die Sage noch als […] Mitteilungsstoff in ernster Erzählgemeinschaft von Erwachsenen [existiert], wird sie ernst genommen als eine glaubbare Wirklichkeit, sei es eines Erlebens oder Erkennens. Hier spielt sie die Rolle eines Berichtes von Geschehenem und ist damit Ausdruck einer Erkenntnis von Weltzusammenhängen. Sie drückt in der Art ihrer Darstellung das Bewusstsein ihrer Träger aus, Wirklichkeit wiederzugeben.») С этим согласен и Рольф Вильгельм Бредних (Brednich, 1990: 6), который собрал и издал к концу 20-го века в 6-ти томах современные немецкие предания: «Пока [предания] черпали свое содержание из устной традиции, сами рассказчики вряд ли называли их ‹преданиями›. ‹Старые истины› или просто ‹истины› — таким было, народное определение этого жанра, дающее нам понять, что предания представляют собой популярные знания, несущие в себе рассказы о событиях и переживаниях, считавшиеся правдивыми.» («Wo sie [die Sagen] aus mündlicher Tradition geschöpft haben, sprachen ihre Erzähler sicher noch nicht von ‹Sagen›. ‹Alte Wahrheiten› oder einfach ‹Wahrheiten› galt als volkstümliche Bezeichnung für dieses Genre, wodurch zum Ausdruck gebracht wird, dass Sagen populäres Wissensgut darstellen und für wahr gehaltene Ereignis- und Erlebnisberichte beinhalten.»)

Данная трактовка полностью совпадает с тем, как мои тувинские информанты относились к своим рассказам о случаях из собственной жизни или из жизни их родственников или знакомых. Рассказы эти, считались отчетами о действительно случившихся событиях, в качестве правдивых историй.

Современные тувинские предания являются правдивыми историями, несмотря на само собой разумеющееся присутствие нечеловеческих субъектов или же разумных нечеловеческих существ, с которыми люди находятся в непрерывном взаимодействии.

Само понятие «Sage» (русск. «предание») было введено братьями Гримм (Gebrüder Grimm: Deutsches Wörterbuch (Немецкий словарь), Bd. XIV, 1893). С тех самых пор существовало несколько попыток, дать этому понятию литературное определение. Самое точно определение дал Бурхард (Burkhardt, 1951: 14): «предания — это народные рассказы необычного содержания, которые подтверждают вторжение мира супранатурализма в мир реальный, как на самом деле случившееся; при этом они рассказываются в форме простого происшествия» («Sagen sind volkläufige Erzählungen ungewöhnlichen Inhalts, die oft vom Einbruch einer supranaturalen Welt in die Welt der realen Alltäglichkeit als tatsächlichem Geschehnis zeugen und die in der Form eines einfachen Ereignisberichtes erzählt werden»).

Принимая во внимание накопленный опыт по исследованию преданий1 и записи тувинских преданий в 2004–2005 годах, этому понятию можно дать следующее определение: *современное тувинское предание — это устно переданный короткий магический или необыкновенный рассказ, имеющий религиозные мотивы, который понимается как правдивый отчет и основывается на религиозно истолкованных вероятных или действительных событиях. («Die zeitgenössische tuwinische Sage ist eine auf mündlicher Überlieferung basierende, religiös motivierte, wundersame oder erstaunliche Kurzerzählung, die als Wahrheitsbericht verstanden wird und auf religiös gedeuteten, möglichen oder tatsächlichen Begebenheiten beruht.»)* Данное определение я хочу пояснить.

---

1   Петцольдт (Petzoldt, 2002: 58–60) перечисляет главные черты преданий: устное повествование; подтверждение правдивости на основе указа времени, места и личных данных; упрощенная структура; краткость и лишь один эпизод; черты содержания: столкновение человека с собственной природой или окружающей его природой, исторической реальностью и трансцендентным миром; вторжение сверхъестественных сил в реальный мир и воспроизведение однократного личного происшествия, объясненного коллективным верованием и опытом.

I

Собранные в экспедиции тувинские предания рассказываются и воспринимаются слушателями как правдоподобные, как на самом деле случившееся. Подтверждением этого служит тувинское название современных преданий: *болган таварылгалар*. Это тувинское понятие переводится, как *на самом деле случившееся* и означает, что рассказ, в отличие от выдуманных историй, основывается на реальных событиях. Требование правдивости рассказов, названных преданиями, осуществляется за счет того, что рассказчик называет слушателям точные данные места и/или времени происшествия, а так же данные человека[2], который лично пережил рассказанное.

II

Современные предания — это *случайные рассказы*[3], которые не требуют ни религиозного, ни праздничного повода. Они могут стать темой разговора при любой возможности, они рассказываются без определенного предшествующего стиля рассказа или его протекания. С большим удовольствием тувинцы рассказывают современные предания вечерами, когда в их домах и юртах собираются гости. Любимая обстановка для рассказа — это время путешествия на тувинский манер: пешком, верхом, или же на автомобиле, переезжая из одного района в другой или

---

2   Из-за анонимности всех текстов этого издания, автор не включила в рассказы имена главных героев преданий.

3   В отличии от тувинских сказок, песен и других литературных произведений, которые связаны с особыми событиями и правилами повествования. См. Таубе (Taube, E.: 1992, 1995, 1997, 2000, 2008).

с одного пастбища на другое. Объединенные в путешествии, несколько тувинцев собираются вместе, чтобы совместно преодолеть опасный путь и скоротать время разговорами.

III

Приведенные контексты, в которых осуществляется повествование, обуславливают тот факт, что эти предания почти всегда передаются *устно*. Они не относятся к какому-либо литературному жанру, имеющему отношение к писательству, и часто не имеют никакого литературного оформления.

IV

Короткие рассказы представляют собой короткие и неприукрашенные *«отчеты о событиях»* (нем. *Tatsachenberichte*), правдоподобность которых часто обсуждается и о чем в конце концов у каждого тувинца должно сложиться свое собственное мнение. Они повествуют о происшествиях, пережитых родственниками или знакомыми и которые рассказываются из-за их *необычности* (нем. *Erstaunlichkeit*).

V

Предания, собранные мною, называются *«современными»*. Понятие «современный» связано со временем их возникновения и временем рассказа, и означает, что бытование, распространение и рассказывание преданий в Туве является современным, широко распространенным и повседневным феноменом. Связь каждого из изложенных здесь преданий с современностью прослеживается в самом рассказе. В основном предания называют время события и/или упоминают человека, который еще жив или когда-то жил. Если речь идет об уже умершем человеке, то тогда приводится генеалогия или описание близости родства с рассказчиком вплоть до настоящего времени. *Лишь очень редко историческое фиксирование главного действующего лица бывает не таким детальным, тогда употребляются общие фразы, как «однажды» или «как-то».* Спектр исторического фиксирования описанных происшествий данного издания (Ольшлегель, 2013б) охватывает как времена самого рассказчика, который описывает лично пережитое, так и времена бабушек.

VI

Что касается действия, происходящего в преданиях, то, как автор-составитель, я изложила рассказанные *реальные* или *вероятно* случившиеся происшествия, которые имеют религиозный смысл. То есть рассказываются такие происшествия, которые происходят на самом деле или могли бы произойти в любую минуту, но которые относятся к категории преданий благодаря вложенному в них *религиозному смыслу.* Когда рассказывается какое-то предание, то изменяется перспектива взгляда на событие. *Рассказ предания происходит здесь в основном с перспективы специфических тувинских вариантов анимизма и шаманизма.* Рассказ предания происходит в основном с точки зрения тувинских интерактивных моделей (Ольшлегель, 2013г) понимания мира, т. е. специфического тувинского варианта анимизма и шаманизма.

VII

Модель восприятия мира, используемую для преданий, можно назвать «интерактивной моделью» (Ольшлегель, 2013г). Под понятием «интерактивная модель» подразумевается *модель мирового понятия согласно которой мир представляет собой совокупность человеческих и нечеловеческих субъектов, которые находятся в постоянном взаимодействии друг с другом.* Другими словами, в центре интерактивной модели стоит взаимодействие *человеческих и нечеловеческих субъектов.* Человек — это один из множества видов существующих субъектов, которые, взаимодействуя друг с другом, влияют на формирование происходящего в мире посредством их совместного влияния.

В мире оказывают влияние не только люди, но и множество других категорий субъектов. К ним относятся разные боги, такие как отец-небо и мать-земля, отец-солнце и мать-луна, некоторые боги-звезды, духи-хозяева подземного и высшего миров, и другие. Они редко упоминаются в тувинских преданиях. Более важную роль в повседневной жизни тувинцев играют и соответственно упоминаются в преданиях намного чаще другие категории духов, в основном так называемые духи-хозяева и разнообразное множество духов-вредителей, как аза, буг, албыс, четкер и дииреη.

В то время как духи тувинского мира, согласно преданиям, обладают сознательностью, волей, умом, здравым смыслом, интеллектом и существуют субъекты, которые не обладают этими качествами, но несмотря на это они тоже оказывают влияние. К таким субъектам относятся энергия, ландшафт и такие его элементы, как горы, долины, горные переходы, источники и определенные деревья, а также орудия труда и прочие предметы общего пользования. Они являются субъектами (Oelschlägel, 2004: 27, 28), у которых есть душа и которые оказывают влияние через интерактивность с человеком. Частью мировоззрения, сформированного постоянным взаимодействием человеческих и нечеловеческих субъектов, должны также быть правила и нормы, которые служат человеку как указатель на правильное поведение. Главные правила и нормы устанавливаются духами-хозяевами, которые предстают перед человеком, как единственные правовые владельцы нечеловеческого в мире и как его покровители и «защитники». Духи-хозяева устанавливают нормы и правила для правильного обращения человека со всем нечеловеческим. Духи-хозяева также опекают человеческие поступки и поведение в мире. Они обладают властью наказывать за нарушение норм и правил, то есть за неправильное поведение, и властью поощрять за соблюдение правил интерактивности.

VIII

Шаманов, выполняющих роль посредников между человеком и потусторонним миром, можно назвать, наряду с другими функциями, «переводчиками», ведущими ритуальные переговоры между людьми и духами. Они передают каждой стороне условия другой для их мирного сосуществования. Они добиваются компромиссов в случае расхождения интересов и разъясняют, и устраняют конфликты, и недопонимания между обеими сторонами. Выполнять эту функцию шаманы были призваны своими духами-помощниками и зачастую они продолжают выполнять ее всю свою жизнь, обязанные как перед духами, так и перед людьми. Шаманы выполняют свое предназначение в том, что они регулярно в течение года проводят ритуалы, во время которых определенная группа людей вступает в контакт с определенными, важными в их жизни духами. Они вместе обсуждают прошедший год, его положительные и отрицательные события, а также принятое в этих событиях участие *людей и духов*, и поясняют условия *для здорового, счастливого и удачного следующего года*. Шаманы помогают устранять конфликты с миром духов, например, в таких случаях, когда духи насылают болезни. Тогда они выполняют роль посредников, как *для разрешения*, так и *для предотвращения конфликтов*. К возможностям шаманов относится также способность объяснить родственникам умерших людей, почему смертный случай должен был произойти и почему его не удалось избежать. Шаманы располагают очень большим запасом знаний и богатым опытом относительно условий, поставленных богами и духами для правильного человеческого поведения в мире. Поэтому они могут помочь плохо разбирающимся в религии *людям сведениями и разъяснениями*, когда они нуждаются в совете или есть опасность, что они совершат ошибку. Таким образом, шаманы являются *совестью людей*, они всегда дают им знать, когда есть опасность нарушения хороших отношений между людьми и миром духов.

IX

Опубликованные здесь современные предания, которые я выше упомянула как религиозные толкования реальных и вероятно случившихся происшествий, являются также *рассказами на основе религиозных мотивов*. Так же их можно сравнить с притчами, выполняющими несколько функций: (1) На основе норм и правил интерактивной модели они рассказывают о правильном и неправильном поведении. (2) Они приводят примеры хорошего и плохого поведения с помощью похожих ситуаций. Если главное действующее лицо придерживается правильного поведения интерактивной модели рассказа, то оно зачастую поощряется представителями мира духов. В противном случае последует наказание и тем самым высказывается поучение для слушателей, чье поведение как раз следовало бы изменить к лучшему. Они также показывают, что может произойти с тем, кто осознанно или неосознанно нарушает нормы и правила интерактивной модели. (3) Они учат тому, как нужно вести себя в критических ситуациях, для того чтобы избежать неприятностей со стороны мира духов. Это такие ситуации, в которых люди, как по собственной вине, так и не по собственной, чувствуют опасную игривость, насмешки со стороны духов-вредителей, вплоть до злобных нападений. (4) Они помогают составить представления о том, как выглядят разные нечеловеческие субъекты и что характерно для них. (5) Они также показывают, как ведут себя разные нечеловеческие субъекты и как они реагируют на человека, чего следует ожидать и на что необходимо обращать внимание при встрече с ними.

Оглядываясь на приведенные выше аргументы, становится ясно, что рассказывание преданий и структурные свойства этого жанра не являются специфически тувинским феноменом, а напротив — повсеместным. В то же время нельзя рассматривать предания, как вымерший исторический жанр повествования, о чем достаточно явно свидетельствует живая традиция рассказывания преданий в Туве. Во всем мире люди по сей день рассказывали и рассказывают предания. В свою очередь, толкования на основе традиционной религии (нем. Volksreligion), выражаемые в преданиях, специфичны для каждой конкретной культурной среды в которой осуществляется повествование. В Германии предания содержащие толкования на основе традиционной религии, относят к досовременному мировоззрению, которое все больше и больше теряло силу по мере распространения идей просвещения. Однако и сегодня в Германии люди рассказывают предания, невзирая на то, что они не несут в себе толкований на основе традиционных религий. Начиная с 1990-го года Рольф Вильгельм Бредних (Rolf Wilhelm Brednich) издал несколько томов с современными немецкими преданиями под названием: «Паук в юкке. Удивительные истории нашего времени» (нем. «Die Spinne in der Yucca-Palme. Sagenhafte Geschichten von heute»).

После того, как мне удалось собрать в республике Тува 59 современных тувинских преданий, перевести их на немецкий, и сделать их, таким образом, доступными немецкому читателю, у меня осталось еще одно желание. Мне хотелось бы рассказать моим тувинским товарищам, и коллегам четыре немецких предания, преследуя при этом двоякую цель: при помощи первых двух я хочу показать, насколько похож, живой и по сей день сказочный мир в Республике Тува, на то, что существовало на протяжении веков на немецкоязычном пространстве вплоть до эры просвещения. Следующие же две должны дать представление о том, каким образом меняется содержание преданий, когда из памяти и культурной реальности исчезает традиционная религия и вместе с ней, все те многочисленные нечеловеческие разумные существа — духи и тролли, нимфы и водяные, гномы и великаны. Две первых истории — исторические предания родной мне Саксонии, остальные являются современными преданиями. Третья относится к историям, типичным для ГДР до 1989 года, а четвертую я нашла в собрании Рольфа Вольгельма Бредниха, она была записана в ФРГ до 90-го года.

Историческое предание 1:
Недалеко от города Эльсниц, в Фогтланде, (Oelsnitz im Vogtland) стоял посреди леса совсем разрушенный крестьянский двор, который был настолько старым, что никто уже не помнил, кто жил прежде в его стенах. Однажды, одна бедная девочка искала недалеко от этих руин

грибы, да так и не нашла ни одного. Вдруг перед ней появилась очень старая лесная фея и попросила о помощи. Девочка никогда в жизни не видевшая эту маленькую старушку, пошла за ней, чтобы выполнить просьбу. Старушка повела девочку к заброшенному крестьянскому двору. И тут девочка увидела, что в одной из построек горел свет. Девочка удивилась, так как не могла припомнить, чтобы в этом дворе кто-то когда-либо жил. Старая фея ободрила ее и пригласила в жилище. Девочка оказалась в маленькой, уютной теплой комнате со старомодной мебелью. Поскольку сама она была очень стара и слаба — фея попросила девочку убраться в комнате, и та сразу взялась за работу. После того, как она подмела комнату, старуха собрала весь сор и ссыпала его девочке в сумку для грибов. Противоречить девочка не решилась, и поскольку был уже поздний час, пошла побыстрей домой. И только, когда на следующее утро она стала вытряхивать сумку, то заметила, что весь мусор превратился в куски золота, которыми старая травяная фея отплатила ей за помощь и подарила из жалости к ее бедноте. Некоторые, услышав про историю девочки, пускались на поиски этой феи, однако с тех пор ее так никто и не видел.

Историческое предание 2, рассказанное мне гидом в замке Августусбург недалеко от города Кемнитц (Augustusburg bei Chemnitz), который там же показал нам то самое дерево:
На территории замка Августусбург, что находится к югу от города Кемниц, стоит очень старое дерево, про которое рассказывают следующую историю. В темнице замка сидел однажды узник. Его обвиняли в убийстве человека, однако он утверждал, что невиновен — сколько бы его ни допрашивали и ни пытали. Когда для его казни уже было все готово, палач наточил свой топор, а сам узник стоял у плахи, в тот момент он попросил последнего слова — на

что согласился хозяин замка. Тогда обреченный на смерть узник, вдруг вырвал из земли молодое дерево, перевернул и воткнул его кроной снова в землю. А затем сказал: «Если это дерево прирастет кроной, а на корнях распустятся листья и цветы, то знайте — это значит, что я невиновен и не совершал убийства.» После этого несчастного казнили. Однако дерево прижилось, на корнях распустились листья и цветы, а через несколько месяцев выяснилось, что казненный был действительно невиновен. Это дерево стоит до сих пор во дворе замка, ветви его настолько старые и тяжелые, что их нужно поддерживать деревянными подпорками. Дерево служит напоминанием о том, что нельзя казнить преступника, пока вина его не доказана окончательно.

Предание 3, которое мне рассказывали в детстве в 80-х годах в ГДР:
Эта история произошла после разделения германии на ГДР и ФРГ. У одной семьи из ГДР были родственники на западе (в ФРГ) от которых они регулярно получали посылки с кофе, шоколадом, и другими товарами, которые было трудно достать в ГДР. Однажды они получили очередную посылку, в которой помимо всего прочего была вскрытая и снова запечатанная коробка от смеси для выпечки с серым порошком внутри. Так как на таможне ГДР пакеты вскрывались часто, никто не удивился вскрытой упаковке. В субботу мама замесила тесто с яйцами, маслом и молоком, чтобы испечь пирог. В воскресенье пирог из Западной Германии был подан к послеобеденному кофе.
Несколько дней спустя, от родственников из ФРГ пришло письмо, которое судя по всему, провело несколько недель в пути. В письме сообщалось, что умерла бабушка и что ее последним желанием было быть похороненной на родине — на территории ГДР. Читая дальше:

«Поскольку у нас не было возможности перевезти ее тело в Восточную Германию, мы ее кремировали, и пошлем вам скоро по почте посылку, чтобы вы могли ее похоронить. Будьте внимательны при получении посылки, она в коробке из-под смеси для выпечки.»

Предание 4, записал Рольф Вильгельм Бредних (Brednich, 1990: 80–81):

Паштет из лосося

Жена одного крупного промышленника где-то на севере Германии первый раз устраивала прием для коллег своего мужа. Само собой, эта дама очень постаралась для буфета с холодными закусками. Буфет состоял из самых изысканных деликатесов, с паштетом из лосося в качестве кулинарного апофеоза. Но о, ужас: прямо перед приездом гостей она застает домашнюю кошку за поеданием этого паштета. Будучи на нервах и не имея уже времени заменить паштет на другое блюдо, дама едва успела разравнять его, как начали приходить гости. Вечеринка удалась на славу. Все гости были в восторге от буфета. Вечером, провожая гостей, у ворот дома, супруги нашли любимую кошку: мертвой! У обоих в голове только одна мысль: паштет из лосося был испорчен, гости отравлены! Жена убеждает своего мужа обзвонить всех гостей посреди ночи и убедить их поехать в больницу сделать промывание желудка. Можно себе представить какая это неприятность, и какой урон нанесен репутации семьи. После того, как все закончилось муж, выходя из дома, обнаружил в почтовом ящике письмо от соседа: тому, дескать, очень жаль, поскольку возвращаясь поздно домой он, в темноте, нечаянно задавил кошку и положил ее перед входной дверью.

К самым большим двум группам этого сборника относятся *обращения* и *благословения*. Как и другие категории поэтического тувинского творчества, их характеризуют либо особый литературный стиль, либо звуковая фигура аллитерации. Аллитерация является одной из широко распространенных форм рифмы в Центральной Азии и Южной Сибири, в которой слова в начале строки начинаются с одного и того же гласного из-за чего и появляется желаемая рифма.

На практике обращения и благословения являются молитвами, которые читаются во время проведения ритуалов и праздников. Чтение подобных текстов производится для того, чтобы вступить в контакт со всеми нечеловеческими субъектами, которые имеют влияние на человеческую судьбу и участь людей, и с теми, с которыми люди находятся в постоянном взимодействии. К этим нечеловеческим субъектам, чье существование и влияние неотделимы от человеческой жизни, будучи связанными с ней обоюдными условиями, относятся, в первую очередь, разные категории духов, некоторые малочисленные тувинские боги и нечеловеческие субъекты ландшафта, как, например, родная земля, родные горы, определенные вершины религиозного значения, долины, горные перевалы, деревья, источники и многие другие. Ко всем нечеловеческим субъектам в обращениях и благословениях обращаются, как к человеку, для того чтобы получить их благословение и положительное влияние на участь людей.

Благословения и обращения это не только закрепленные поэтические формы, которые традиционно сохраняются и передаются из поколения в поколение. Обе эти категории до сих пор регулярно обновляются. Празднования и ритуалы являются для множества известных, как и неизвестных поэтов современности желанным поводом написать новые молитвы и прочесть их вслух или разместить написанные на ткани или на бумаге молитвы в качестве религиозного украшения на месте проведения ритуала или праздника. Произнесенная молитва имеет такую же силу, как и написанная на колышущемся от ветра листе бумаги молитва.

Перевод с немецкого С. П. и М. П.

Анетт К. Ольшлегель изучала этнологию, Центрально-азиатские исследования и религиоведение в лейпцигском университете и работает в данный момент в институте этнологии им. Макса Планка в центре исследований по Сибири в городе Галле (Заале). Ее научный интерес охватывает народы Сибири и севера Центральной Азии. Начиная с 1995-го года она объездила Республику Тува и провела там, в общей сложности 18 месяцев. Важнейшими темами ее научных работ являются: множественные интерпретации мира (Plural World Interpretations), этнология религии (анимизм, исторический и современный шаманизм, гадание), устная традиция (современные предания), экономическая этнология (пастушеское кочевничество и комбинированные виды экономического уклада), исследования постсоциализма и устная история (Oral History).

.

Zeichnungen der Schamanin Nadja Mišit-Doržuevna Sat

Abb. 1: Herrin der Erde

Abb. 2: Herrengeist eines Berges

Abb. 3: Aza-Maus

Abb. 4: Herrin der Silbernen Taiga

Abb. 5: Herrin eines Baumes

Abb. 6: Herrin eines Gewässers

Abb. 7: Tel yjaš – Zwieselbaum

Abb. 8: Herrin einer Quelle

Abb. 9: Schamanenbaum und Herrengeist

Abb. 10–11: Schamane und Partnergeist

Abb. 12: Baj yjaš – Reicher Baum

Abb. 13: Herrin der Taiga

Glossar fremdsprachiger Begriffe

ak čem (tuw.), **ак чем:** weiße Speisen. Zu den weißen Speisen, die als die edelsten unter den Nahrungsmitteln der tuwinischen Nomaden gelten, gehören alle Arten von Milchprodukten, wie Milch, Butter, Butterschmalz, vergorene Milch, Milchtee, Milchschnaps, getrockneter Quark und Käse. Weiße Speisen sind die beliebtesten Opfergaben. Im Verlauf von Ritualen werden sie häufig zusammen mit Fleisch vom Fettsteiß der Schafe geopfert.

albys (tuw.), **албыс:** *Albys* zählen zu den wichtigsten Geistern der irdischen Welt. Sie treten häufig als Hilfsgeister von Schamanen auf. Eine ihrer Funktionen ist es, die Schamanengabe zu verleihen. Daneben machen *albys* ihre Opfer besessen. Eine von *albys* besessene Person verliert den Verstand, redet wirr, sieht und hört Wesen, die für andere Menschen nicht wahrnehmbar sind. *Albys* verführt auch Menschen. Männern zeigt sie sich als wunderschöne Jungfrau, Frauen als Jüngling. Der Geist geht mit seinen Opfern eine Liebesbeziehung ein und raubt ihnen so den Verstand.

albystaar (tuw.), **албыстаар:** wörtlich „von *albys* besessen sein", an der Schamanenkrankheit leiden, verrückt sein, wahnsinnig sein, s. Schamanenkrankheit.

araka (tuw.), **арака:** Milchschnaps. Alkoholisches Getränk, das aus vergorener Milch (s. *chojtpak*) destilliert wird.

artyš (tuw.), **артыш:** Wacholder. Getrockneter Wacholder ist bei jedem Ritual unverzichtbar. Der Rauch von glühendem Wacholder verströmt einen würzig-aromatisch-harzigen Duft. Er bewirkt bei wohlmeinenden Geistern Wohlgefallen und vertreibt schlechte Energien und schadenstiftende Geister. Er gilt als das ideale Mittel für rituelle Reinigungen und wird als Zutat für Opferfeuer genutzt.

aza (tuw.), **аза:** *Aza* zählt zu den gefährlichsten Geistern in der tuwinischen Vorstellungswelt. Er ist verantwortlich für zahlreiche Erkrankungen und Missgeschicke bis hin zu Todesfällen. Ein anderer Name für *aza* ist *četker*.

baj-yjaš (tuw.), **бай ыяш:** *reicher Baum:* Der Ort, an dem ein *reicher Baum* wächst, wird auf Grund der positiven Eigenschaften dieses Baumes gern als Ritualplatz genutzt. Als *reichen Baum* bezeichnet man einen Zwieselbaum, einen Baum, der über mehrere Stämme verfügt. Der besondere Wuchs eines solchen Baumes zeigt an, dass er und sein Herrengeist die Fähigkeit besitzen, für Reichtum und Fruchtbarkeit zu sorgen. Besonders kinderlose Paare suchen solche Bäume auf, um in ihrer Nähe kleine oder aufwendigere Rituale durchzuführen. Sie bitten im Zuge des Rituals, manchmal unter Anleitung eines Schamanen, den Baum und seinen Herrengeist darum, ihnen Kinder zu gewähren. Ist man unterwegs und trifft auf einen *reichen Baum*, dann verweilt man an diesem Ort, bindet ein Stoffband an seine Zweige und opfert etwas von den mitgeführten Nahrungsmitteln, isst und trinkt und spricht ein kleines Gebet. *Reiche Bäume* sind auf Grund der vielen bunten Opferbänder, die an ihren Zweigen hängen, weithin sichtbar.

banja (russ.), **баня:** Badehaus und Sauna

caragana (dt.), **charagan** (tuw.), **хараган:** Strauchgewächs mit dornigen Zweigen. Es gibt *kara charagan* (schwarzer *caragana*) und *kyzyl charagan* (roter *caragana*), die nach der Farbe ihrer Rinde benannt sind. Aus rotem *caragana* werden Stiele für Reitpeitschen hergestellt. Die Farbe rot, die Dornen und die Rinde des roten Strauchs gelten als Geister abwehrend. Deshalb werden auch kleine Zweigbündel gern über den Zugängen der Behausungen zur Geisterabwehr aufgehängt.

cham yjaš oder **cham dyt** (tuw.), **хам-ыяш, хам-дыт:** Schamanenbaum oder Schamanenlärche. Ein Schamanenbaum ist meist eine Lärche, die durch einen kugeligen Wuchs gekennzeichnet ist. Solche Bäume werden gern von Schamanen zu Ritualplätzen gemacht, und letztere gehen häufig eine Verbindung mit dem Herrengeist eines solchen Baumes ein. Schamanen führen am Fuße dieser Bäume Rituale durch. Auch religiöse Laien opfern an den Wurzeln von Schamanenbäumen und hängen bunte Opferbänder in ihre Zweige.

chojtpak (tuw.), **хойтпак:** Vergorene Milch. Entrahmte zumeist Kuh- oder Yakmilch wird vergoren, um mittels Destillation aus ihr Milchbranntwein herzustellen (*chojtpak* kochen). Die festen Rückstände nach dem Destillationsprozess, der Quark *(boža)*, werden ausgepresst und getrocknet. Beim Trocknen entstehen sehr harte Stücke Trockenquark *(kurut)*, die gern auf Reisen mitgeführt und gegessen werden.

chöömej (tuw.), **хөөмей:** Traditionelle tuwinische Gesangskunst. Es gibt verschiedene Arten dieses Gesangs. Dazu gehören der Obertongesang und der Kehlgesang.

četker (tuw.), **четкер:** s. *aza*

diireŋ (tuw.), **дииреҥ:** Ein Schadens- und Wunschgeist. Trifft man ihn und lässt sich auf ihn ein, erfüllt er jeden Wunsch. Aber er lässt den von ihm begünstigten Menschen nicht mehr in Ruhe. Es ist sehr schwer, ihn wieder abzuschütteln, es sei denn man stellt ihm eine unlösbare Aufgabe.

došpuluur (tuw.), **дошпулуур:** zweisaitiges Zupfinstrument

ėzir (tuw.), **эзир:** Adler (russ.: *orjol*)

Hilfsgeister: Partnergeister eines Schamanen, die mit ihm zusammenarbeiten. Sie erwählen die Schamanen für ihren Dienst, oder die Schamanen gewinnen von sich aus diese Geister für eine Zusammenarbeit. Es kommen verschiedene Arten von Hilfsgeistern vor, Herrengeister können ebenso Hilfsgeister sein wie *albys* oder *aza*. Typische Hilfsgeister sind auch Tierseelen und Seelen verstorbener Schamanen. Auffällig sind die Attribute der Schamanen und ihre Kleidung. Alle Bestandteile der Schamanenkleidung sind *ëëren* (Behausungen von Hilfsgeistern). Die Kommunikation mit den Hilfsgeistern und die gegenseitigen Dienste geben dem Schamanen die Möglichkeit, die Regeln und Normen der Geisterwelt sowie die Gründe und die Konsequenzen des Wirkens von Geistern zu verstehen, und Einfluss darauf zu nehmen. Hilfsgeister helfen dem Schamanen, sich in der Geisterwelt zurecht zu finden, von Geistern befallene und dadurch erkrankte Menschen zu heilen, Wege zu erfolgreicher Kommunikation mit der Geisterwelt zu finden, Rituale erfolgreich zu leiten und wahrzusagen. Sie fungieren praktisch als Vermittler zwischen der Geister- und der Menschenwelt.

igil (tuw.), **игил**: Streichinstrument

ovaa (tuw.), **оваа**: *Ovaa* markieren Ritualplätze und haben rituelle Bedeutung. Es handelt sich dabei um eine Steinaufschichtung oder um ein konisches Gebilde aus Zweigen, Ästen und kleinen Baumstämmen. *Ovaa* kommen zustande, indem jeder Passant und die Teilnehmer an Ritualen jeweils einen Stein oder einen Ast auf den *ovaa* legen. *Ovaa* werden errichtet, um den Herrengeistern von Gewässern, Pässen, Tälern, Bergen, ganzen Gebirgen und anderen Landstrichen einen Ritualplatz zu schaffen, an dem mit deren Herrengeistern kommuniziert werden kann. Auch Familienverbände (Klane) verfügen über ihren jeweiligen Herrengeist und einen mit ihm verbundenen *ovaa*. Wo ein *ovaa* errichtet wurde, macht der Wanderer oder Vorbeireisende eine kurze Rast, bringt kleine Opfer dar und bittet um eine schnelle und ungefährliche Weiterreise. Auf diese Weise nutzt man gern die Gelegenheit, in Gesellschaft des Ortsherrn eine Kleinigkeit zu essen und zu trinken.

Schamanenkrankheit: s. *albystaar:* Schamanen werden von ihren späteren Hilfsgeistern beziehungsweise Partnergeistern zur Schamanentätigkeit berufen. Die Auserwählten erfahren von ihrer Berufung durch die Schamanenkrankheit. Zeigt eine Person Anzeichen von Besessenheit, geistige Verwirrung, Depressionen, erhöhte Sensibilität oder entwickelt sie plötzlich besondere Fähigkeiten (Sehen oder Hören von Geistern und Seelen) und empfindet einen starken psychischen Leidensdruck, dann diagnostizieren Schamanen ihr häufig die Schamanenkrankheit. Um zu genesen, muss sich der Patient zum Schamanen ausbilden lassen. Mit Aufnahme der Tätigkeit als Schamane erhält er dann auch Möglichkeiten, sich selbst von der Krankheit zu befreien. Die Schamanenkrankheit tritt auch dann auf, wenn ein Schamane für längere Zeit nicht schamaniert. Die Krankheit ist der Weg der Partnergeister eines Schamanen, ihn immer wieder aufzufordern, seiner besonderen Verpflichtung als Vermittler im Dienste der Menschen und der Geister nachzukommen.

sutra (tuw.), **сутра:** Sutras sind buddhistische Lehrreden, die in Buchform zusammengefasst sind. Sie sind kurz und prägnant sowie in Versform verfasst und deshalb besonders gut einprägsam. Die Verse kann man als Gedankenstützen für die buddhistischen Lehren betrachten. Während der Ausbildung der Mönche werden sie gelesen, auswendig gelernt und zum besseren Verständnis von erfahrenen Mönchen kommentiert und erläutert.

tel yjaš (tuw.), **тел-ыяш:** Als heilig verehrter Baum, bei dem aus einer Wurzel die Stämme mehrerer Baumarten wachsen. Diese Eigenart zeigt, dass der Baum über besondere Kräfte verfügt. *Tel yjaš* werden für Rituale aufgesucht, wenn Kinderlosigkeit oder Unfriede in der Familie herrschen. Rituale zu Füßen eines solchen Baumes können auch das Vermögen einer Familie vermehren. Sie finden spontan statt, wenn Reisende auf dem Weg auf einen solchen Baum treffen, oder sie werden unter Anleitung eines Schamanen durchgeführt. Dazu gehört das Anbinden von bunten Opferbändern an den Zweigen und Opfer von Nahrungsmitteln, die man verstreut oder für die man ein kleines Opferfeuer entzündet.

ved'ma (russ.), **ведьма**: Russische Hexe oder Zauberin. Sie erfüllt bei den Russen ähnliche Funktionen, wie die Schamanen unter den Tuwinern. *Ved'ma* beschäftigen sich mit Wahrsagerei und mit Heilung. Besonders gern werden sie aufgesucht, um Liebeszauber durchzuführen, zum Beispiel um einen liebenden Menschen von der Liebe zu befreien oder um einen Menschen, der nicht liebt, das Gefühl der Liebe zu geben.

Weißbärtiger Alter, Аксагалдай ашак: Als weißbärtiger Alter wird in der tuwinischen Vorstellungswelt der Herrengeist schlechthin bezeichnet. Er steht für die Fruchtbarkeit der Menschen, des Viehs und aller anderen Lebewesen in der Natur. Deshalb wird er häufig zusammen mit einem Kranich- und einem Rehpaar abgebildet. In einer Hand hält er einen Stab, dessen Berührung Fruchtbarkeit bringen soll. Auf manchen Abbildungen zeigt sein Haupt Ähnlichkeit mit einem Phallus und er hält in einer Hand einen Pfirsich, beides Symbole für die Fruchtbarkeit in der Welt. Er steht auch für Wohlstand und Gesundheit. In diesem Zusammenhang sitzt er auf Abbildungen häufig hinter einem Herdfeuer mit drei Herdsteinen. Der Weißbärtige Alte spielt eine wesentliche Rolle im Tsam-Maskentanz der buddhistischen Völker Sibiriens und Zentralasiens.

ydyk (tuw.), **ыдык**: Heiliges, heilig. Was heilig ist, ist immer auch mit Herrengeistern verbunden. Es handelt sich in vielen Erzählungen der Tuwiner um bestimmte Bäume, Quellen, Pässe, Berge und zu anderen Landschaftsmerkmalen gehörige Ritualplätze. Auch das Herdfeuer gilt als heilig, ebenso wie geweihte Herdentiere oder besonders seltene Wildtiere.

Biographische Angaben zu den Erzählern

Alle folgenden Angaben beziehen sich auf den Tag der Aufzeichnung des jeweiligen Textes. Erfasst wurden das Geschlecht, die Nationalität, das Alter, der Beruf oder die Ausbildung, der Wohnort und die Provinz, in der die Erzähler leben.

Erzählerinnen
Erzählerin 1: Tuwinerin, 48 Jahre, Meteorologin, Tochter einer Schamanin, Wohnort: Mugur Aksy, Provinz: Möŋgün Taiga.
Erzählerin 2: Tuwinerin, 34 Jahre, Ärztin, Wohnort: Moskau.
Erzählerin 3: Tuwinerin, 27 Jahre, Systemadministratorin, Wohnort: Mugur Aksy, Provinz: Möŋgün Taiga.
Erzählerin 4: Tuwinerin, 30 Jahre, Händlerin, Wohnort: Kyzyl, Provinz: Kyzyl.
Erzählerin 5: Tuwinerin, 14 Jahre, Schülerin, Wohnort: Kyzyl, Provinz: Kyzyl.
Erzählerin 6: Tuwinerin, 43 Jahre, Folkloristin, Wohnort: Kyzyl, Provinz: Kyzyl.
Erzählerin 7: Tuwinerin, 44 Jahre, Folkloristin, Wohnort: Kyzyl, Provinz: Kyzyl.
Erzählerin 8: Tuwinerin, 35 Jahre, Schamanin, Wohnort: Kyzyl, Provinz: Kyzyl.
Erzählerin 9: Tuwinerin, 65 Jahre, Viehzüchterin, Wohnort: Toolajlyg, Provinz: Möŋgün Taiga.
Erzählerin 10: Tuwinerin, 49 Jahre, Viehzüchterin, Wohnort: Toolajlyg, Provinz: Möŋgün Taiga.
Erzählerin 11: Russin, 41 Jahre, Lehrerin der russischen Sprache, Wohnort: Kyzyl, Provinz: Kyzyl.
Erzählerin 12: Tuwinerin, 54 Jahre, Schamanin, vormals Lehrerin, Wohnort: Kyzyl, Provinz: Kyzyl.
Erzählerin 13: Tuwinerin, 47 Jahre, Viehzüchterin, Wohnort: Toolajlyg, Provinz: Möŋgün Taiga.

Erzählerin 14: Tuwinerin, 47 Jahre, Lehrerin der russischen und der tuwinischen Sprache, Wohnort: Mugur Aksy, Provinz: Möŋgün Taiga.

Erzählerin 15: Tuwinerin, 8 Jahre, Schülerin der 3. Klasse, Wohnort: Mugur Aksy, Provinz: Möŋgün Taiga.

Erzählerin 16: Tuwinerin, 29 Jahre, Viehzüchterin, Wohnort: Toolajlyg, Provinz: Möŋgün Taiga.

Erzählerin 17: Tuwinerin, 14 Jahre, Schülerin der 8. Klasse, Wohnort: Mugur Aksy, Provinz: Möŋgün Taiga.

Erzählerin 18: Tuwinerin, 20 Jahre, Buchhalterin, Wohnort: Mugur Aksy, Provinz: Möŋgün Taiga.

Erzählerin 19: Tuwinerin, 50 Jahre, Buchhalterin, Wohnort: Mugur Aksy, Provinz: Möŋgün Taiga.

Erzählerin 20: Tuwinerin, 30 Jahre, Heilerin, Wohnort: Mugur Aksy, Provinz: Möŋgün Taiga.

Erzählerin 21: Tuwinerin, 40 Jahre, Mitarbeiterin der Kriminalpolizei, Wohnort: Kyzyl, Provinz: Kyzyl.

Erzählerin 22: Tuwinerin, 42 Jahre, Lehrerin der russischen Sprache, Wohnort: Kyzyl, Provinz: Kyzyl.

Erzählerin 23: Tuwinerin, Schamanin, Wohnort: Kyzyl, Provinz: Kyzyl.

Erzählerin 24: Tuwinerin, 43 Jahre, Viehzüchterin, Wohnort: Mugur Aksy, Provinz: Möŋgün Taiga.

Erzähler

Erzähler 1: Tuwiner, 54 Jahre, Schamane, Wohnort: Ak Dovurak, Provinz: Baryyn Chemčik.

Erzähler 2: Tuwiner, 38 Jahre, Viehzüchter, Wohnort: Platz Ak Baštyg, Provinz: Möŋgün Taiga.

Erzähler 3: Tuwiner, 23 Jahre, Viehzüchter, Wohnort: Sommerweidelager, Provinz: Süt Chöl.

Erzähler 4: Tuwiner, 31 Jahre, Viehzüchter, Wohnort: Sommerweidelager, Provinz: Süt Chöl.

Erzähler 5: Tuwiner, 20 Jahre, Viehzüchter, Wohnort: Toolajlyg, Provinz: Möŋgün Taiga.

Erzähler 6: Tuwiner, 38 Jahre, Viehzüchter, Wohnort: Sommerweidelager, Provinz: Süt Chöl.

Erzähler 7: Tuwiner, 47 Jahre, Lehrer der russischen und der tuwinischen Sprache, Wohnort: Mugur Aksy, Provinz: Möŋgün Taiga.

Erzähler 8: Tuwiner, 75 Jahre, Rentner, vormals Viehzüchter, Wohnort: Mugur Aksy, Provinz: Möŋgün Taiga.

Erzähler 9: Tuwiner, 72 Jahre, Viehzüchter, Wohnort: Toolajlyg, Provinz: Möŋgün Taiga.

Erzähler 10: Tuwiner, 35 Jahre, Jäger, Schuster, Gelegenheitsarbeiter, Wohnort: Toolajlyg, Provinz: Möŋgün Taiga.

Erzähler 11: Tuwiner, 49 Jahre, Viehzüchter, Wohnort: Sommerweidelager, Provinz: Süt Chöl.

Erzähler 12: Tuwiner, 51 Jahre, Rentner, vormals Viehzüchter, Wohnort: Mugur Aksy, Provinz: Möŋgün Taiga.

Erzähler 13: Tuwiner, 60 Jahre, Viehzüchter, Wohnort: Toolajlyg, Provinz: Möŋgün Taiga.

Erzähler 14: Tuwiner, 75 Jahre, Rentner, vormals Viehzüchter, Wohnort: Mugur Aksy, Provinz: Möŋgün Taiga.

Erzähler 15: Tuwiner, 40 Jahre, Viehzüchter, Wohnort: Toolajlyg, Provinz: Möŋgün Taiga.

Erzähler 17: Tuwiner, 75 Jahre, Rentner, vormals Viehzüchter.

Erzähler 18: Tuwiner, 50 Jahre, Lehrer und Schuldirektor, Wohnort: Toolajlyg, Provinz: Möŋgün Taiga.

Erzähler 19: Tuwiner, 57 Jahre, Schamane, Wohnort: Kyzyl, Provinz: Kyzyl.

Erzähler 20: Tuwiner, 58 Jahre, Lehrer für Biologie und Chemie, Wohnort: Mugur Aksy, Provinz: Möŋgün Taiga.

Erzähler 21: Tuwiner, 46 Jahre, Viehzüchter, Wohnort: Sommerweidelager, Provinz: Süt Chöl.

Erzähler 22: Tuwiner, 22 Jahre, Lehrer, Provinz: Süt Chöl.

Erzähler 23: Tuwiner, 47 Jahre, Waldarbeiter, Provinz: Süt Chöl.

Zitierte Literatur

BEYSCHLAG, S. 1969 [1941]: Weltbild der Volkssage. In: Petzoldt, Leander (Hg.): *Vergleichende Sagenforschung*. Darmstadt: Wissenschaftliche Buchgesellschaft.

BREDNICH, R. W. 1990: *Die Spinne in der Yucca-Palme. Sagenhafte Geschichten von heute*. München: Verlag C. H. Beck.

BURKHARDT, H. 1951: *Zur Psychologie der Erlebnissage*. Zürich: Juris-Verlag.

GRIMM, J. und W. GRIMM (Gebrüder Grimm) 1865: *Deutsche Sagen*, 2 Bände. Berlin: Nicolai.

GRIMM 1960 ff.: *Deutsches Wörterbuch von Jacob Grimm und Wilhelm Grimm*, Neubearbeitung. Hrsg. Berlin-Brandenburgische Akademie der Wissenschaften und Akademie der Wissenschaften zu Göttingen. Leipzig (Stuttgart).

GRIMM, J. und W. GRIMM 1999: *Deutsches Wörterbuch*. Leipzig 1893; Nachdruck der Erstausgabe. München.

ISCHAKOV, F. G. und PAL'MBACH, A. A. 1961: *Grammatika tuvinskogo jazyka. Fonetika i morfologija*. Moskva: Izdatel'stvo Vostočnoj Literatury.

KAZYRYKPAJ, B. O. 2000: *Bodaldar*. Kyzyl: Tyvanyŋ nom ündürer čeri.

КЕНИН-ЛОПСАН, М. 2002: *Мифы Тувинских Шаманов*. Кызыл: Новости Тувы.

KENIN-LOPSAN, M. B. 2011: *Schamanengeschichten aus Tuwa*. Göttingen: Lamuv.

LEIMBACH, W. 1936: *Landeskunde von Tuwa*. Gotha: J. Perthes.

MÄNCHEN-HELFEN, O. 1931: *Reise ins Asiatische Tuwa*. Berlin: Verlag Der Bücherkreis GmbH.

OELSCHLÄGEL, A. C. 2000: Der Weg der Milch. Zur Produktion und Bedeutung von Milchprodukten bei den West-Tyva Südsibiriens. In: *Tribus – Jahrbuch des Linden-Museums Stuttgart*, Bd. 49, 155–171.

OELSCHLÄGEL, A. C. 2004: *Der Weiße Weg. Naturreligion und Divination bei den West-Tyva im Süden Sibiriens.* Leipzig: Universitätsverlag (Arbeiten aus dem Institut für Ethnologie der Universität Leipzig, Bd. 3).

OELSCHLÄGEL, A. C. 2010: *Die Herren der Taiga. Zwei Interpretationsmodelle der Welt bei den Tyva im Süden Sibiriens.* Unpublizierte Dissertation. Eingereicht an der Fakultät für Geschichte, Kunst- und Orientwissenschaften der Universität Leipzig zur Erlangung des akademischen Grades Doctor Philosophiae (Dr. phil.). Vorgelegt von Anett C. Oelschlägel am 10. 6. 2010.

ОЛЬШЛЕГЕЛЬ, А. К. 2012: Современные предания из Тувы (Zeitgenössische Sagen aus Tyva). In: Новые Исследования Тувы/The New Research of Tuva, 2012, Nr. 4, Issue 16, S. 97–112. URL: http://www.tuva.asia/journal/issue_16/5648-olshlegel.html (Datum des Zugriffs: 29. 11. 2012).

OELSCHLÄGEL, A. C. 2013a: *Plurale Weltinterpretationen. Das Beispiel der Tyva Südsibiriens.* Fürstenberg/Havel: SEC Publications/Kulturstiftung Sibirien gGmbH.

OELSCHLÄGEL, A. C. 2013b: *Summary of „Plural World Interpretations: The case of the Tyvans in South Siberia."* In: Anett C. Oelschlägel: Plurale Weltinterpretationen. Das Beispiel der Tyva Südsibiriens. Fürstenberg/Havel: SEC Publications/Kulturstiftung Sibirien gGmbH.

ОЛЬШЛЕГЕЛЬ, А. К. 2013c: *Краткое содержание: „Множественные интерпретации мира. Пример тувинцев Южной Сибири"* (Zusammenfassung: „Plurale Weltinterpretationen. Das Beispiel der Tyva in Südsibirien"). In: Anett C. Oelschlägel: Plurale Weltinterpretationen. Das Beispiel der Tyva Südsibiriens. Fürstenberg/Havel: SEC Publications/Kulturstiftung Sibirien gGmbH.

PETZOLDT, L. 1969: *Vergleichende Sagenforschung.* Darmstadt: Wissenschaftliche Buchgesellschaft.

PETZOLDT, L. 2002: *Einführung in die Sagenforschung*. Konstanz: UTB für Wissenschaft.

RADLOFF, W. 1893–1911: *Versuch eines Wörterbuches der Türk-Dialecte*. Bd. 4. St. Peterburg, Leipzig.

TAUBE, E. 1981: Anfänge der Seßhaftwerdung bei den Tuwinern im Westen der Mongolischen Volksrepublik. In: *Nomaden in Geschichte und Gegenwart*. Berlin, 97–108 (Veröffentlichungen des Museums für Völkerkunde zu Leipzig, Bd. 33).

TAUBE, E. 1992: Zur ursprünglich magischen Funktion von Volksdichtung. In: *Ural-Altaische Jahrbücher*, Bd. 11. Wiesbaden, 112–124.

TAUBE, E. 1994: Bezeichnungswirrwarr um ein kleines Turkvolk. In: Röhrborn, K. u. Veenker, W. (Hg.): *Memoriae munusculum*. Gedenkband für Annemarie v. Gabain. Wiesbaden, 131–138.

TAUBE, E. 1995: Formen und Funktionen mündlicher Traditionen bei den Tuwinern im Altai. In: Heissig, W. (Hg.): *Formen und Funktion mündlicher Tradition. Vorträge eines Akademiesymposiums*. Opladen, 145-155 (Abhandlungen der Nordrhein-Westfälischen Akademie der Wissenschaften, Bd. 95).

TAUBE, E. 1997: Warum erzählen Erzähler manchmal nicht? Vom Erzählen und seiner Beziehung zum Numinosen. In: Berta, Árpád (Hg.): *Historical and Linguistic Interaction between Inner-Asia and Europe. Proceedings of the 39. Permanent International Altaistic Conference, Szeged, Hungary*: June 16–21, 1996. Szeged: Department of Altaic Studies, 351–363.

TAUBE, E. 2000: Märchenerzählen und Übergangsbräuche. In: *Märchenspiegel. Zeitschrift für internationale Märchenforschung und Märchenkunde*, 11. Jahrgang, Nr. 4. Hohengehren, 122–124.

TAUBE, E. 2008: *Tuwinische Folkloretexte aus dem Altai (Cengel/ Westmongolei). Kleine Formen.* Wiesbaden: Harrassowitz Verlag (Reihe Turcologica, 71).

TAUBE, J. 2008: *Albasty – Kindbettdämonin und Vamp bei den Kasachen.* Huy-Neinstedt: Wortraum – Edition.

TAUBE, J. 2011: *Albasty – Kindbettdämonin und Vamp bei den Kasachen. Spezieller Teil.* Unveröffentlichtes Manuskript.

VAJNŠTEJN, S. I. 1972: *Istoričeskaja ètnografija tuvincev.* [Historische Ethnographie der Tuwa]. Moskva.

WAJNSCHTEJN, S. I. (Vajnštejn, S. I.) 1996: *Die Welt der Nomaden im Zentrum Asiens.* Berlin: Reinhold Schletzer Verlag [Original: Vajnštejn, S. I. 1991: *Mir kočevnikov centra Asii.* Moskva].

WEINSHTEIN, S. I. (Vajnštejn, S. I.) 2005: *Geheimnisvolles Tuwa. Expedition in das Herz Asiens.* Oststeinbek: Alouette Verlag.

Weiterführende Literatur

ALEKSEEV, N. A. 1987: *Schamanismus der Türken Sibiriens*. Hamburg: Schletzer.

ANISIMOV, A. F. 1991: *Kosmologische Vorstellungen der Völker Nordasiens*. Hamburg: Schletzer.

BASILOW, W. N. 1995: *Das Schamanentum bei den Völkern Mittelasiens und Kasachstans*. Berlin: Reinhold Schletzer Verlag.

HOPPÁL, M. 1994: *Schamanen und Schamanismus*. Augsburg: Pattloch Verlag.

KENIN-LOPSAN, M. B. 2011: *Schamanengeschichten aus Tuwa*. Göttingen: Lamuv.

MÄNCHEN-HELFEN, O. 1931: *Reise ins Asiatische Tuwa*. Berlin: Verlag Der Bücherkreis GmbH.

MUSEUM FÜR VÖLKERKUNDE WIEN (Hg.) 1998: *Schamanismus in Tuva*. Holzhausen, Wien.

OELSCHLÄGEL, A. C. 2004: *Der Weiße Weg. Naturreligion und Divination bei den West-Tyva im Süden Sibiriens*. Leipzig: Universitätsverlag (Arbeiten aus dem Institut für Ethnologie der Universität Leipzig, Bd. 3).

OELSCHLÄGEL, A. C., NENTWIG, I. und J. TAUBE 2005: *„Roter Altai, gib dein Echo!" Festschrift für Erika Taube zum 65. Geburtstag*. Leipzig: Leipziger Universitätsverlag.

OELSCHLÄGEL, A. C. 2013: *Plurale Weltinterpretationen. Das Beispiel der Tyva Südsibiriens*. Fürstenberg/Havel: SEC Publications/Kulturstiftung Sibirien gGmbH.

SCHENK, A. und G. TSCHINAG 2007: *Im Land der zornigen Winde. Geschichte und Geschichten der Tuwa-Nomaden aus der Mongolei*. Frauenfeld: Waldgut Verlag.

TAUBE, E. 1977: *Das leopardenscheckige Pferd*. Berlin: Kinderbuchverlag.

TAUBE, E. 1978: *Tuwinische Volksmärchen*. Berlin: Akademie-Verlag.

Taube, E. 1980: *Tuwinische Lieder. Volksdichtung aus der Westmongolei.* Leipzig: Gustav Kiepenheuer Verlag.

Taube, E. 2008: *Tuwinische Folkloretexte aus dem Altai (Cengel/ Westmongolei). Kleine Formen.* Wiesbaden: Harrassowitz Verlag (Reihe Turcologica, 71).

Taube, J. 2008: *Albasty – Kindbettdämonin und Vamp bei den Kasachen.* Huy-Neinstedt: Wortraum – Edition.

Toka, S. 1951: *Das Wort des Araten.* Roman. Berlin/DDR: Kultur und Fortschritt.

Wajnschtejn, S. I. 1996: *Die Welt der Nomaden im Zentrum Asiens.* Berlin: Reinhold Schletzer Verlag.

Weinshtein, S. I. 2005: *Geheimnisvolles Tuwa. Expedition in das Herz Asiens.* Oststeinbek: Alouette Verlag.

Vitebsky, P. 2001: *Schamanismus. Reisen der Seele, Magische Kräfte, Ekstase und Heilung.* Köln: Taschen GmbH.